叶冠鸿 主编

小天地大乾坤

幼儿园室内运动游戏

口袋本

华东师范大学出版社

前　言

一

各位亲爱的读者，或许您是幼教专业的同行，和我们一样正在专业成长的研修途中孜孜以求；亦或许您是一位热爱学前教育的同好，与我们共同关注着学前教育对于每一个孩子健康茁壮成长的影响。

这本如同手账本般大小的口袋书，凝聚了上海市普陀区曹杨新村第六幼儿园近5年来关于室内运动游戏研究的成果。在此与大家分享，希望能与您达成三个层面的共鸣——教育情怀、教学理念和教师实践。

《〈3～6岁儿童学习与发展指南〉解读》明确指出："动作发展是个体身心健康发展的重要领域。……幼儿的粗大动作、精心动作以及动作的平衡性与协调性直接影响到幼儿身体形态的发展。"而近年来，随着城市中雾霾气候的增多，幼儿园开展室内运动的必要性则更为显著。

据统计分析，幼儿园在开展室内运动时，经常产生如下困惑：

1. 关于场地的利用

如何利用好现有的场地开展室内运动，是各幼儿园目前面临的主要问题，大的幼儿园会认为自家场地太大了，在合理布置空间上觉得有难度。小的幼儿园则认为自家场地太小了，受到空间的限制。

2. 关于动作的平衡

一般，设计运动活动要考虑到上、下肢的平衡，以及大、小运动量的交替，但是有一些动作技能放在室内开展的话也确实会受到限制。例如，室内场地往往比较小，没有适合来回跑动的空间，所以多见跳，少见跑，即使有跑也只能在原地运动，对孩子们的吸引力就减弱了。又例如，位于室外的大型运动器具上会直接附有练习悬垂动作的设备，而室内运动器具上则往往没有这个功能，所以很多幼儿园会以投掷等上臂的练习来进行替代，但是，悬垂动作和投掷动作所锻炼的身体部位和运动技能其实并不同。

3. 关于材料的投放

有些幼儿园会把用于室外的运动材料直接搬到室内使用，但其实这并不适合。例如，教师会利用叠放的轮胎，让孩子在户外进行从高处跳下的运动项目，如果把轮胎搬到室内使用，一方面增加了保育人员的工作量，另一方面，轮胎内容易积水，放在室内的话，容易导致地面湿滑，反而会对孩子产生危险。

4. 关于安全的隐患

因室内空间比较小，教师往往会利用桌椅、楼梯等设备来创设运动环境。但是，这里就存在着一定的安全隐患，例如塑料的椅子和地面碰触，容易起滑，孩子们在这样的椅子上行走，非常不安全。

二

在室内这样狭小的空间中，如何既能满足孩子们动作全面发展的需求，又能够有效地将室内空间发挥出来，为孩子们提供有效且合理的场所呢？

曹杨新村第六幼儿园在这方面历经了多年研究，因地处上海市区的老式新村，幼儿园的户外空间本就非常有限，只能巧妙地利用室内空间，创设出符合幼儿年龄特点的运动环境，以便他们能在有限的空间内，开心自主地进行运动。同时也在研究与实践的过程中，明白了室内运动是户外运动的一种补充形式，而非照搬。因此，在环境创设、材料投放上，教师们力求做到：

第一，简便。 游戏时间一到，不用耗时、耗力地搬运材料和挪动物品，就能短时间内完成运动场地的布置，让孩子们更好更快地投入运动中。

第二，自主。由孩子们自主拿取、收放各类运动材料，在锻炼运动能力的同时也是养成了良好的整理物品的习惯。

第三，丰富。充分地将幼儿园的走道和楼梯、教室内的桌椅栏杆、门框、天花板以及各活动室的空间资源利用起来。

三

很幸运，也很高兴您翻开了这本"与众不同"的书。我们为您设计了两种活动检索方式：

第一种，场地检索。本书目录按场地－年龄段－活动的顺序呈现，方便您迅速挑选出适合园所空间的活动内容，通过图文直观地呈现出环境创设和材料投放的实操以及老师们最为关心的现场"指导语"。

第二种，动作检索。翻到第 256 页，您会看到以动作发展－年龄段－活动为顺序呈现的索引方式，在评估孩子能力水平的基础上，可以有针对性地选择更适合孩子现有水平、更能支持孩子能力进一步发展的活动，让活动设计更显智慧与效能。

本书最后还提供了两种表格：借由"我的室内运动规划清单"（第258 页），筛选书中提供的运动游戏，安排出更适合您自己园所的室内运动方案布局；"写下更多创意设计"（第 264 页）则方便您即时记录自己更多的教育智慧和灵感闪现，分享每一次实践后的收获、启发。

希望这本尺寸轻巧、内容丰富的口袋书能为您带来启示，发现小天地里孕育着的大乾坤。作为孩子们成长过程中的"亲密伙伴"，老师们需要潜心发现、用心解读，并适时提供适宜的支持。我们相信，每个幼儿园都能积累出好用、好玩、适合自己的室内运动游戏。

叶冠鸿

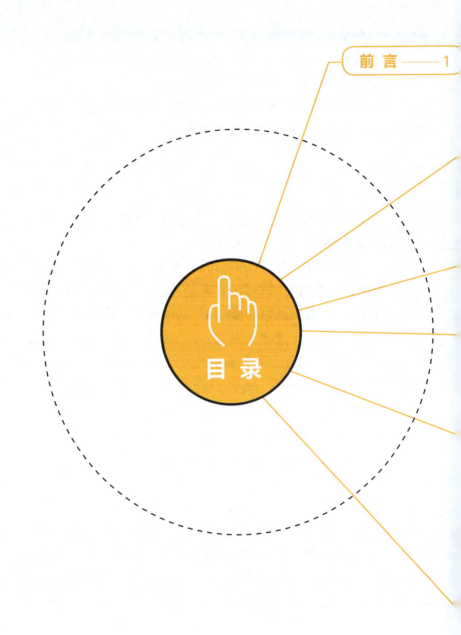

前 言 ········· 1

目 录

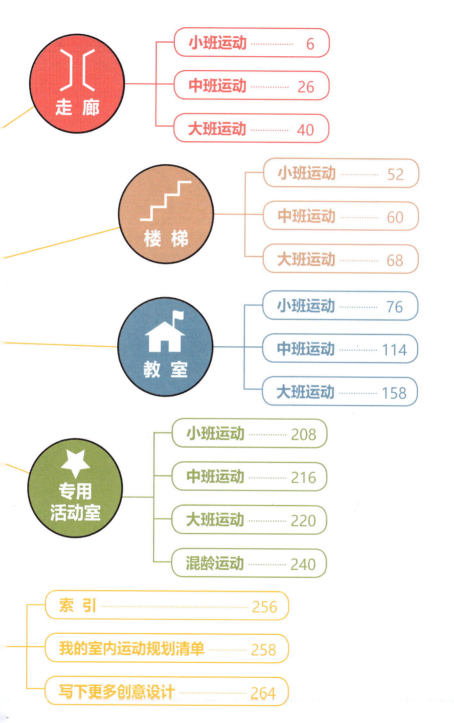

走廊
- 小班运动 6
- 中班运动 26
- 大班运动 40

楼梯
- 小班运动 52
- 中班运动 60
- 大班运动 68

教室
- 小班运动 76
- 中班运动 114
- 大班运动 158

专用活动室
- 小班运动 208
- 中班运动 216
- 大班运动 220
- 混龄运动 240

- 索 引 256
- 我的室内运动规划清单 258
- 写下更多创意设计 264

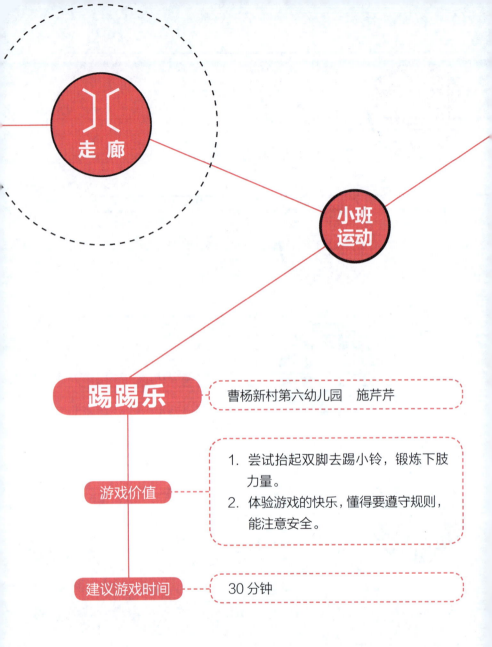

走 廊

小班运动

踢踢乐

曹杨新村第六幼儿园 施芹芹

游戏价值

1. 尝试抬起双脚去踢小铃，锻炼下肢力量。
2. 体验游戏的快乐，懂得要遵守规则，能注意安全。

建议游戏时间

30 分钟

在天花板上安装 1 块
可调节升降的布帘

在布帘下方
铺上垫子

在布帘底部悬挂若干
高低位置不同的铃铛
（或彩球）

玩法 1. 孩子平躺在垫子上，一条腿不离开垫子抬起另一条腿，用脚去碰铃铛。

玩法 2. 孩子平躺在布帘下方的垫子上，抬起双腿，用脚去碰铃铛。踢到一次铃铛后慢慢地把腿落下，再踢第二次。

玩法 3. 孩子可以根据自己的能力，自由调节布帘的高低位置，以此调整铃铛的高度。

我再用力一点就能够到了！

呀！原来用两只脚去碰铃铛，要比用一只脚更难哦！

用两只脚能不能够到铃铛呢？试试看！

双手用力撑在地上，脚才能使得出力气哦！试试看！

碰到了低处的铃铛，努努力，试试碰到高一点的铃铛吧！

小贴士

1. 老师事先提醒孩子不要用手去抓铃铛（或彩球）。

2. 老师事先提醒孩子注意抬脚、落脚时不要踢到旁边的人。

3. 在运动过程中，由孩子进行自我服务（脱衣、擦汗、休息）。

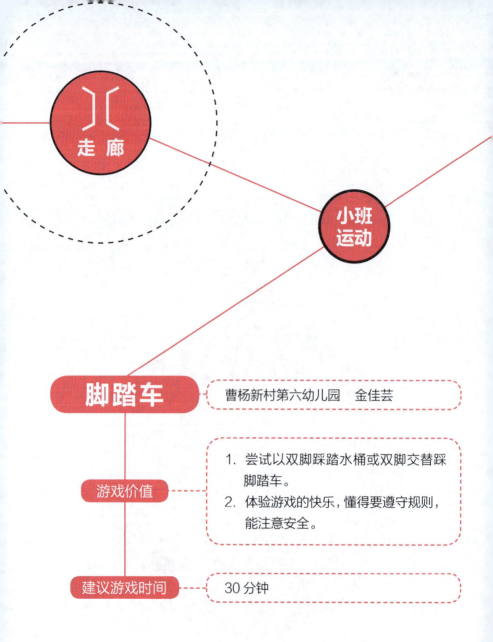

走 廊

小班
运动

脚踏车

曹杨新村第六幼儿园　金佳芸

游戏价值

1. 尝试以双脚踩踏水桶或双脚交替踩脚踏车。
2. 体验游戏的快乐，懂得要遵守规则，能注意安全。

建议游戏时间

30 分钟

在指向的 PVC 管上穿过若干水桶，
水桶能绕着管子自由转动

用 PVC 管制作支架

玩法 1. 在水桶下方铺上垫子，孩子躺在垫子上，用双脚踩转水桶，或以双脚交替踩踏板。

玩法 2. 孩子用手不停地转动滚筒或踏板。

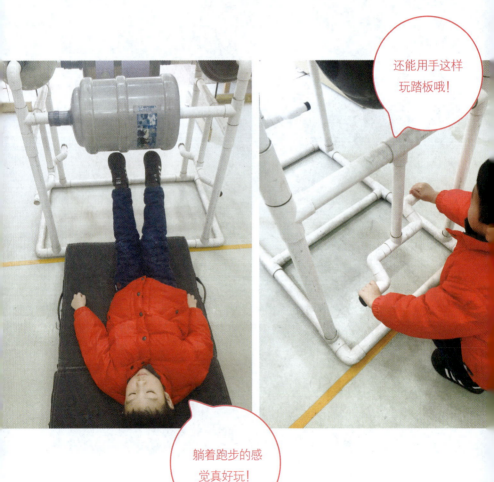

还能用手这样玩踏板哦！

躺着跑步的感觉真好玩！

试一试，抬起你的双脚，像跑步一样轮流踩踏滚筒，让滚筒转动起来哦!

这个玩具除了用脚玩，还能用手玩。想一想，试一试!

小贴士

1. 允许孩子自主选择使用脚或手来转动水桶。
2. 在运动过程中，由孩子进行自我服务（脱衣、擦汗、休息）。

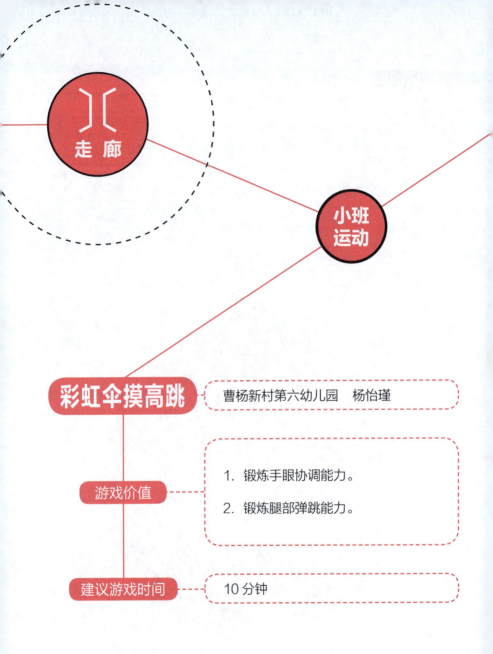

走 廊

小班
运动

彩虹伞摸高跳

曹杨新村第六幼儿园　杨怡瑾

游戏价值

1. 锻炼手眼协调能力。

2. 锻炼腿部弹跳能力。

建议游戏时间

10 分钟

在墙壁上安装 1 顶可伸缩的彩虹伞

在伞檐上悬挂若干高低
位置不同的玩具

玩法 1. 孩子先看准目标物（如悬挂着的一辆小汽车），然后双脚用力往上跳，用手努力摸到目标物。

玩法 2. 孩子可以根据自己的身高，自主选择不同高度的小玩具进行跳摸。

这个挂得好高，跳了几次都没有碰到，我要再试一下！

游戏指导

跳起来的时候
眼睛要看着这个玩
具，边跳边伸手摸
一下、拍一下。

看，彩虹伞里有
许多玩具，你喜欢哪
个？试试跳起来摸一
摸你喜欢的玩具。

听一听，哪些
玩具有声音，哪些
玩具没声音。

小贴士

老师可以鼓励个儿高的孩子跳摸
悬吊在高处的玩具；鼓励个儿矮的
孩子从悬吊在低处的玩具开始摸，
逐步提高难度。

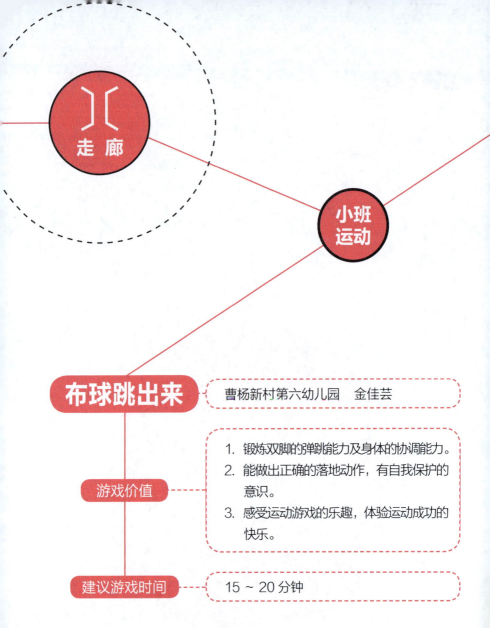

走廊

小班运动

布球跳出来

曹杨新村第六幼儿园　金佳芸

游戏价值

1. 锻炼双脚的弹跳能力及身体的协调能力。
2. 能做出正确的落地动作，有自我保护的意识。
3. 感受运动游戏的乐趣，体验运动成功的快乐。

建议游戏时间

15 ~ 20 分钟

在透明网兜下方准备若干布质
手偶（指偶、手套手偶皆可）

将 1 块透明网兜悬吊
在两面墙之间

在透明网
兜向下的
那面上贴
满魔术贴

在网兜四边上悬挂若干彩
色铃铛，高低位置不同

将重量不同的布质
沙球放在网兜上

玩法 1. 我能跳起来

原地蹬地往上跳，手臂摆动与蹬伸相互配合，碰触透明网兜四边上不同高度的铃铛，然后较轻地落地。

玩法 2. 小球跳起来

孩子在透明网兜下方原地跳起，将双手举过头顶触碰到透明网兜上的沙球，让沙球向上弹起。

玩法 3. 玩偶跳起来

孩子先选择戴上某个手偶，然后立于透明网兜下方，原地跳起，将双手举过头顶努力触碰到透明网兜上的沙球，带动沙球向上弹起同时把手偶粘在网兜底部的魔术贴上。

再举高点，再跳高点，我马上就能碰到啦！

我要把手偶粘在网兜上！

游戏指导

用小眼睛瞄准目标，双手举过头顶跳起来触碰网兜，这样网兜上的沙球更容易跳起来哦！

想碰到高处的玩具，可以试试先双脚并拢再用力往上蹬起。

你觉得用怎样的姿势，才能让手偶粘在网兜上呢？

小贴士

1. 老师可先示范双脚并拢、双手向上举，原地网上跳起碰触网兜或玩具。
2. 老师事先提醒孩子注意安全，与同伴隔开一定距离后再向上跳起。
3. 允许孩子根据自己的能力选择不同高度的目标物摸高跳。
4. 老师可以根据孩子的能力调整网兜的悬吊高度。

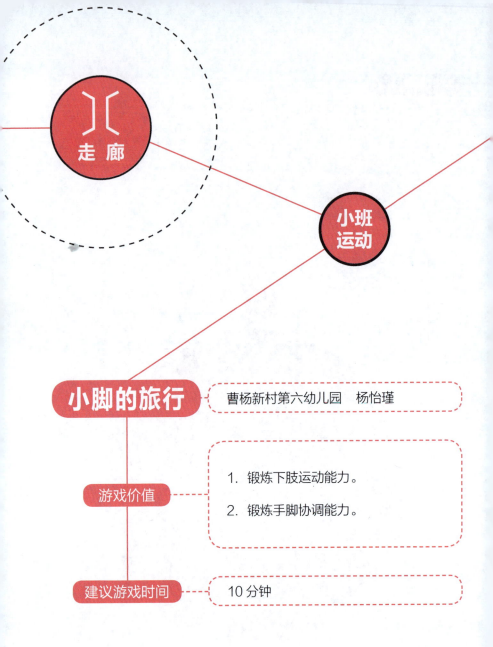

走 廊

小班
运动

小脚的旅行

曹杨新村第六幼儿园　杨怡瑾

游戏价值

1. 锻炼下肢运动能力。

2. 锻炼手脚协调能力。

建议游戏时间

10分钟

在墙面上安装 3 块
游戏板

在游戏板上有不同路径的凹槽，
凹槽内有 1 块移动板

在游戏板下方的
地面上铺地垫

步骤1. 孩子选择 1 块游戏板进行游戏。

步骤2. 孩子脱鞋坐在地垫上，脚穿进移动板里。

步骤3. 根据游戏板上的凹槽路径，孩子用腿部力量带动移动板滑动。

虽然有点累，但是真好玩!

旅途中会遇到
高山、流水、小桥，上
上下下，弯弯曲曲。

试试用小脚来
旅行吧！每块旅行地
图只用1只小脚玩。把
脚固定在移动板上后，
旅行就开始啦！

可以试试用挪动
臀部、双手撑地、身体
靠近等方法来控制小脚的
移动。小手不能直接
帮忙哦！

小贴士

1. 游戏板有3个难度层次，
   老师鼓励孩子自由选择游
   戏板进行游戏。
2. 老师提醒孩子脱鞋后将鞋
   子摆放整齐。

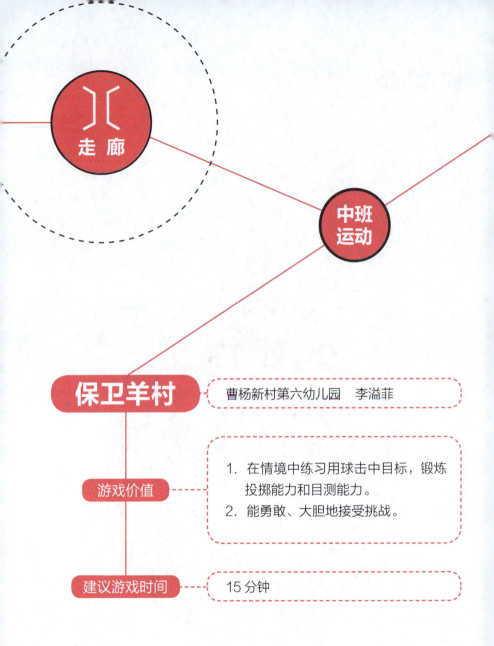

走廊

中班运动

保卫羊村

曹杨新村第六幼儿园　李溢菲

游戏价值

1. 在情境中练习用球击中目标，锻炼投掷能力和目测能力。
2. 能勇敢、大胆地接受挑战。

建议游戏时间

15分钟

在天花板上安装 1 块可调节升降的布帘

在布帘上开出若干大小不同、高低起伏的洞

自制若干纸球，最大的纸球直径小于布帘上最大的洞的直径；可以根据孩子的需求调整纸球的重量

在离布帘一定距离的地面上标记位置

玩法 1. 孩子站在起投处，面向布帘投掷，砸中布帘即可，左右手皆可投掷。

玩法 2. 孩子站在起投处，对准布帘上的洞口投掷。在投掷的过程中，老师可以根据孩子的水平建议孩子由近到远、由大到小地选择投掷目标，提高成功率。

玩法 3. 老师可以引导孩子分两组进行对抗赛，增强趣味性。

我用右手投，我觉得我右手的力气比较大。

大家都要站在黄线这里投，这才公平。

哇！我投中啦！

看着老师是怎么做的：先侧向站立，然后抬起手臂放于耳后，最后瞄准目标用力投出。

刚才你试着用了右手投，这次试着用左手来投吧！

想要投准目标，不仅仅是手臂用力，你试一试手腕用力，看看投掷的方向是不是改变了呢？

小贴士

1. 在制作纸球的过程中，需要考虑大小、轻重、粗糙与光滑等因素。可选择废旧报纸，中间放入小砖块或者小石子等增加纸球重量，然后用玻璃胶带包裹。光滑的球则可以用海洋球来代替。

2. 布帘的图案可以根据孩子的喜好来设定，他们喜欢有情节、有角色、有材料、游戏化的投掷活动。

3. 老师可以根据孩子的投掷水平，适当地调整布帘的高度。

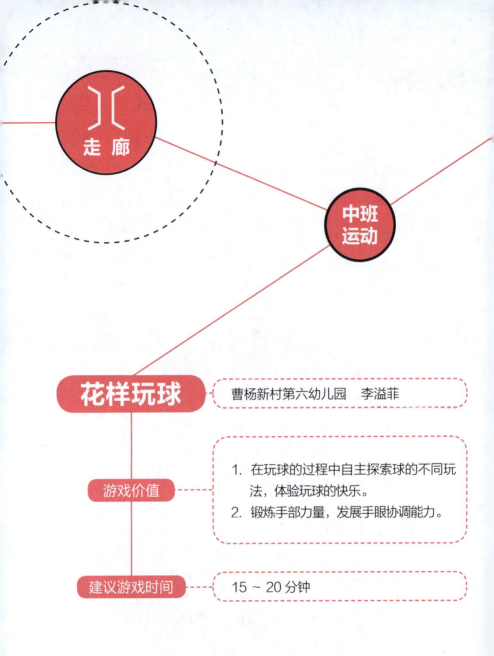

走廊

中班运动

花样玩球

曹杨新村第六幼儿园　李溢菲

游戏价值

1. 在玩球的过程中自主探索球的不同玩法，体验玩球的快乐。
2. 锻炼手部力量，发展手眼协调能力。

建议游戏时间

15～20分钟

大小不一的
球若干

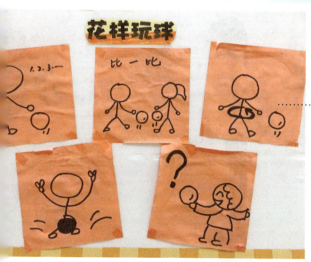

事先和孩子讨论球
的玩法，根据孩子
的提议用图示的方
式呈现出来，贴在
活动区域的墙面上

玩法 1. 孩子可以单手拍球、双手拍球、左右手交替拍球，也可以依据老师提供的不同节奏的音乐来快拍或慢拍球。

玩法 2. 在孩子已经掌握基本的拍球技能后，老师可以启发孩子花样拍球：

（1）转圈拍球：原地拍球若干下，迅速转圈一周，再继续拍球。

（2）跨下过球：原地拍球若干下，随后将一只脚跨过球，再继续拍球。

（3）手背拍球：在掌握用手心拍球的技巧之后，尝试用手背拍球。

（4）两人一组合作互相拍球、接球。

（5）将球扔高后再接住。

（6）边跳边拍。

转个圈后再拍球，我能做到！

我拍球可厉害啦！你要和我比一比吗？

看一看墙上"花样玩球"的提示图,自己玩一玩;也可以想一想,还有什么其他玩法?

看看老师是怎么拍球的,皮球落地弹起后,用大臂带动小臂拍球。

请你和其他小朋友一起尝试一下合作玩球吧。

小贴士

1. 此活动建议在孩子已掌握基本的拍球技能的前提下开展。

常见问题:孩子将拍球往地上一扔,没有拍球的动作;球越拍越低;球不"听话",忽左忽右。

指导用语:两脚分开与肩膀同宽,腰弯下一点,右手五指分开,掌心稍屈合在球表面,手腕、前臂恰当用力"按压"球。球在弹跳时,手要跟着球的走向

"扒近"或"推远"球。

看球的高低调整力量，等到球跳到最高处时再给它一个向下的力。拍球的时候，眼睛和身体要始终跟着球移动，眼随球走，球进人进，球退人退，手脚动作协调一致。

儿歌辅助：《球宝宝跳舞》，"我有一个球宝宝，拍一拍，跳一跳；拍得重，跳得高；拍得轻，跳得低；一拍一跳真有趣"。

2. 在孩子拍球时，老师提醒孩子注意安全，不要将球砸到同伴。

3. 墙上的玩法提示图是老师预设的，当现有的花样玩球方式已不能满足能力高的孩子时，应根据孩子的实际水平引导他们进行自主创新。

4. 在运动过程中，老师要及时提醒孩子擦汗，并关注体弱幼儿。

5. 可播放适合运动的背景音乐，有助于带动孩子们的运动兴趣。

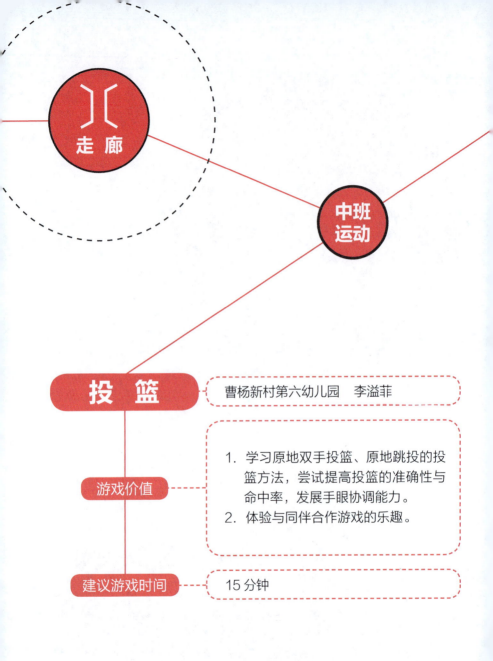

走 廊

中班
运动

投 篮 ——— 曹杨新村第六幼儿园　李溢菲

游戏价值

1. 学习原地双手投篮、原地跳投的投
   篮方法，尝试提高投篮的准确性与
   命中率，发展手眼协调能力。
2. 体验与同伴合作游戏的乐趣。

建议游戏时间 ----- 15 分钟

直径大小不同的球类若干，收纳于筐内

在地面粘贴若干标志线作为起跳位置

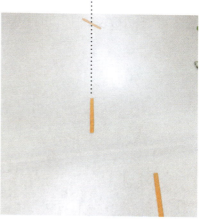

篮筐旁的墙面上可以做些装饰，如贴上篮球人物图片等

在墙面上设置位置高低不同、直径大小不同的篮筐

游戏玩法

玩法 1. 站在标志线处，对准篮筐双手投篮。

玩法 2. 站在标志线处，在双脚起跳的同时双手投篮。

玩法 3. 两两结伴，面对面站好，间距 1.5～2米，用投篮的方法练习传球。

玩法 4. 当人数较多时，可以根据实际情况，安排多人同时投篮。

我想投中
这个框！

我们比一比，
看谁投中得多。

原地投篮：双手持球置于胸前或头顶，两脚自然开立，两膝微曲，手指自然张开成球状，两个大拇指相对成"八"字形，用力握球，手心自然空出。投篮时，下肢蹬地发力，双臂向前方伸出，把球投向篮筐。

原地跳投：准备动作与原地投篮的准备动作相同，但在投篮时，两脚迅速蹬地起跳，同时两臂上振，举球跳投到篮筐。

小贴士

1. 老师要关注孩子在投篮时的基本动作是否标准和连贯，给予及时的纠正和指导。
2. 当孩子掌握了基本的原地投球动作后，老师可以鼓励其尝试跳投。
3. 对于领会能力较强的孩子，老师可引导他们改变与蓝框间的投篮距离，由近及远，体会不同的投篮距离及使用不同的力量。

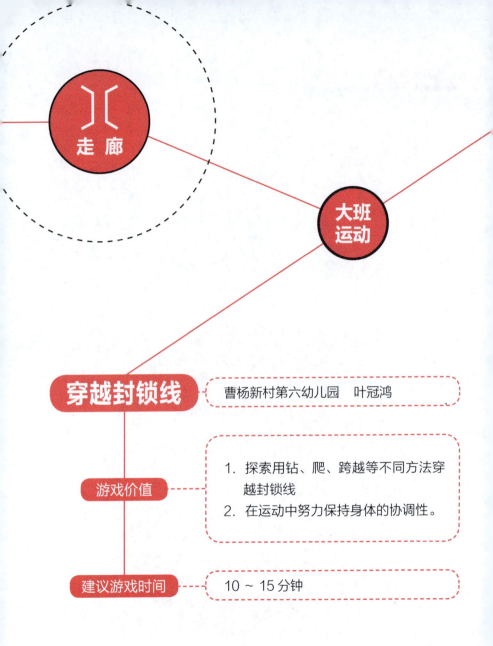

走 廊

大班运动

穿越封锁线

曹杨新村第六幼儿园　叶冠鸿

游戏价值

1. 探索用钻、爬、跨越等不同方法穿越封锁线
2. 在运动中努力保持身体的协调性。

建议游戏时间

10 ~ 15 分钟

把橡皮筋连成若干长条，在皮筋上挂若干小铃铛

在走廊两侧的墙面上固定若干高低不等的钩子，用于挂皮筋

手垫若干副（可用纸板、塑料板和松紧带自制）

在墙面上粘贴游戏规则提示图片

步骤 1. 由孩子将长皮筋高低不等地挂在走廊左右两边的墙壁上，可以相互协商后根据自己的需求随时调整高度和密度，可降低难度也可提升难度，鼓励孩子发挥自主性。

步骤 2. 孩子戴上手垫，用钻、爬、跨越等不同方法穿越皮筋封锁线，手臂和膝盖不能着地，过程中不能碰到铃铛或让铃铛响，否则意味着被敌人发现了，穿越失败。

步骤 3. 可以采用比赛的形式，比赛开始前明确游戏规则：同时开始同起点，由一名孩子担任裁判，比赛的几个孩子的身体部位不能触碰到橡皮筋上的小铃铛，碰到或碰响铃铛原地停一次等。

我们要不要钻过去呢？试试看吧！

我是侧着爬过封锁线的！

我是跨过去的，小心不能碰着铃铛！

头再低一点，
小心不要碰响铃铛。

钻爬时，
你可以把腰弯
得低一点。

除了钻爬，你们
还能用什么办法穿越
封锁线而且还不碰响
铃铛呢？

小贴士

1. 游戏过程中，老师观察孩子是如何穿越的，发现比较好的方法时给予表扬，鼓励其他孩子学一下；对有困难、经常碰响铃铛的孩子，可以提示他向同伴学习，看看其他人是用什么方法来"穿越"的。
2. 孩子游戏时从同一方向开始，避免相撞。
3. 大班孩子可以相互协商确定游戏规则，比如积分，碰到铃铛的没有分数，赢的加分，最后汇总分数确定输赢等，老师可以参与并了解孩子们规则制定的情况。

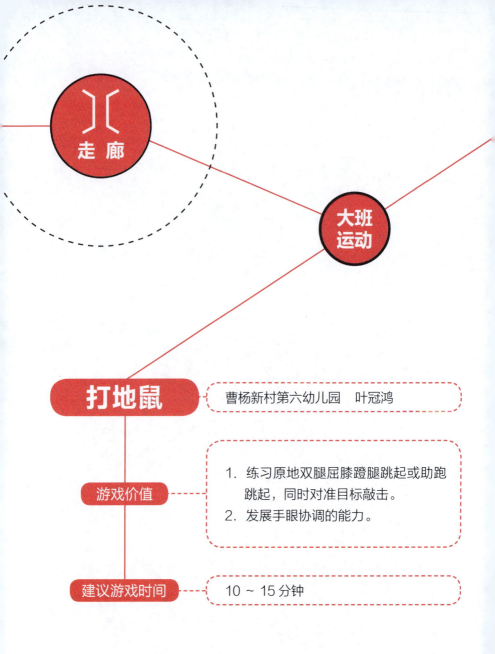

走 廊

大班
运动

打地鼠

曹杨新村第六幼儿园　叶冠鸿

游戏价值

1. 练习原地双腿屈膝蹬腿跳起或助跑跳起，同时对准目标敲击。
2. 发展手眼协调的能力。

建议游戏时间

10 ~ 15 分钟

将尺寸为 250 厘米 × 120 厘米的游戏板固定在墙上

板上有位置高低不同的地鼠图案；图案旁边有相应的数字，从低到高数值变大

在游戏板下方绘制游戏流程提示图

在游戏板下方放置塑封的任务卡，由一串数字组成

在地鼠图案周围固定小铃铛等有声响的物品

在游戏板旁收纳若干塑料锤子，敲击后可有声响

玩法 1. 孩子手握塑料锤，用原地跳、助跑跳等方法对准自己选定的目标物（游戏板上的某个图案）敲击。

玩法 2. 孩子先自由选择任务卡，根据任务卡上的数字顺序来敲击游戏板上高低不同的目标物。

我要去打最高处的地鼠，看我跳得多高！

我挑了一张任务卡，要按这个顺序打地鼠！

起跳时，用双腿屈膝蹬腿跳起，同时对准目标敲击，你就能成功！

要看清和记住任务卡上的数字，这样才能又快又准地完成游戏！

小贴士

1. 在孩子助跑跳起时，老师要注意他们的速度，避免撞到墙壁。
2. 根据目标物难度，老师事先制作任务卡，让孩子在运动时能把原地跳跃和助跑跳进行结合。

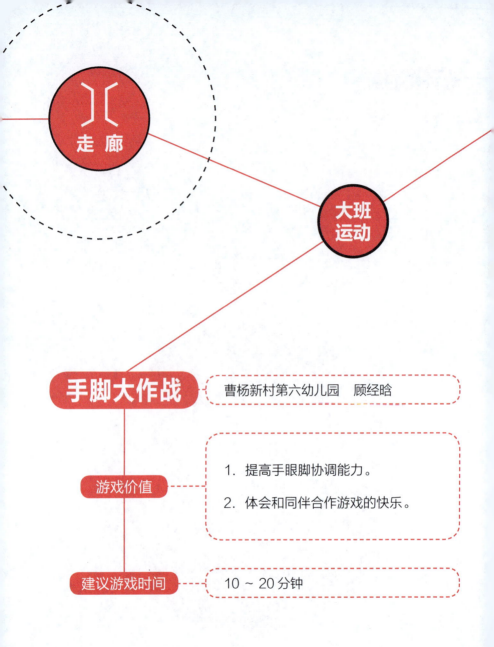

走廊

大班
运动

手脚大作战

曹杨新村第六幼儿园　顾经晗

游戏价值

1. 提高手眼脚协调能力。

2. 体会和同伴合作游戏的快乐。

建议游戏时间

10 ~ 20 分钟

在游戏板下方固
定 4 个底部封闭
的竖条筐

在墙上固定一
块游戏板

在游戏板上固定大小瓶子若干，
瓶口或瓶底粘贴在游戏板上，
瓶子旁粘贴数字，数值随机

在游戏板上方
放置任务卡若
干，由一串数
字组成

直径不同的塑料
圈若干，收纳于
筐内

用毛线制成
毛球若干

用塑料杯底制成套
脚杯若干，下端串
绳，可在鞋上固定

49　走廊

玩法 1. 套瓶

（1）手持塑料圈跳起将圈套到游戏板上的瓶子上，获得不同的分数。

（2）根据任务卡有目的地选择套瓶。

（3）两人比赛看谁套得的数值汇总高。

玩法 2. 杯踢球

把套脚杯上的绑带套在鞋上，在杯里放上毛球，再将毛球踢入墙上的篮筐中。

跳一跳，把圈圈套在瓶子上就得分啦！

在脚上套好塑料杯，将毛球踢进篮筐里！看谁踢得多！

游戏指导

想要套到高处的瓶子，你可以试试先蹲一下、再起跳的方法。看，老师是这样做的。

你觉得用怎样的姿势，用多大的力气才能把圈套在瓶子上呢？

先用小眼睛瞄准目标，再找到最佳的起跳位置，这样更容易成功哦！

小贴士

1. 由孩子根据自己的情况自行决定起套线和起踢线，可多人协商确定。
2. 由孩子自行决定选择使用哪种尺寸的塑料圈。
3. 确定得分有效的规则，如：定点站立后将手中的套圈直线向上套瓶，圈套中瓶子且未掉落则视为有效。

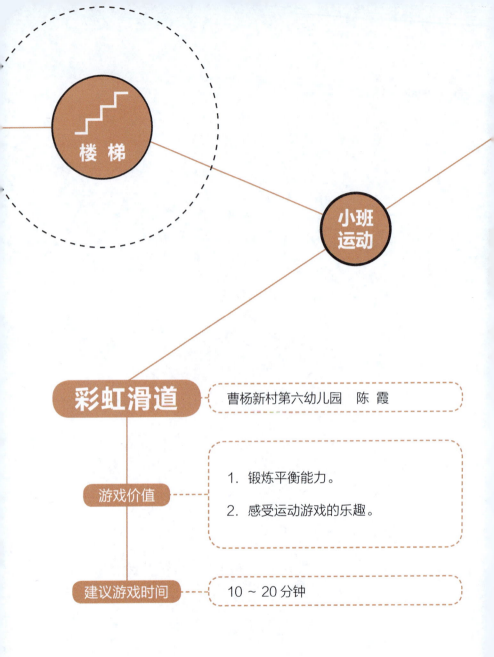

楼 梯

小班
运动

彩虹滑道

曹杨新村第六幼儿园　陈 霞

游戏价值

1. 锻炼平衡能力。

2. 感受运动游戏的乐趣。

建议游戏时间

10 ～ 20 分钟

在楼梯的左侧扶手上固定一段（或由若干段拼接而成的）被剖开的管道，开口向上；在管道的首尾处各放一个筐

圆球，直径小于管道直径，球上可涂画动物图案

在楼梯台阶的右侧贴上小草图案作为步行上楼的位置标志

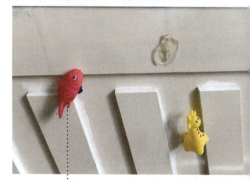

在楼梯右侧的墙面上固定若干小动物造型的发声玩具，位置以孩子能碰到为宜

游戏玩法

步骤 1. 孩子沿着小草图案，靠右侧走上楼梯。

步骤 2. 可边爬楼边捏墙面上的发声玩具。

步骤 3. 从楼梯顶部左侧筐里取一小动物圆球，放入左侧扶手上的"滑道"内，让其滚至楼梯下方的筐中。

步骤 4. 扶着右边扶手，走下楼梯。

捏一捏，跟墙上的"小动物们"打个招呼。

要请哪个小动物坐滑梯呢?

坐稳，准备滑滑梯喽!

我和小动物比比，看谁先下楼。

墙上有很多"小动物"，跟它们打个招呼吧！看我是怎么做的。

你知道怎样走到楼上吗？

你想一次请哪个"小动物"坐滑梯呢？猜猜你和"小动物"谁先到楼下？

小贴士

1. 上楼时怎样和"小动物"打招呼可由孩子根据自己的情况自行决定。
2. 多个孩子同时上下楼梯时，老师提醒他们保持距离，不挤、不推。

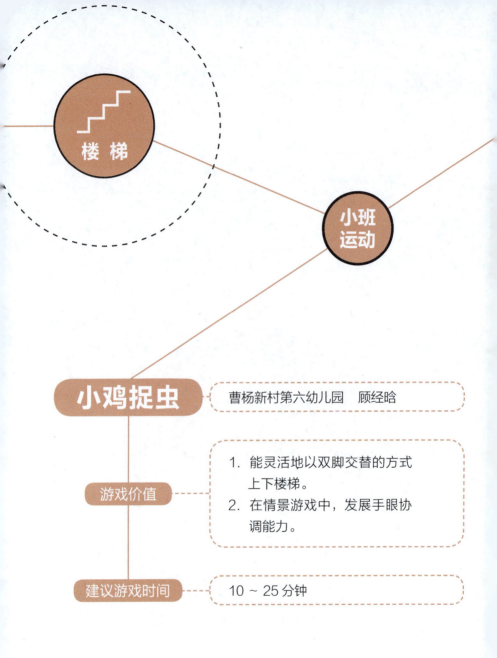

楼 梯

小班
运动

小鸡捉虫

曹杨新村第六幼儿园　顾经晗

游戏价值

1. 能灵活地以双脚交替的方式上下楼梯。
2. 在情景游戏中，发展手眼协调能力。

建议游戏时间

10 ~ 25 分钟

在楼梯的左侧扶手上固定一段（或由若干段拼接而成的）被剖开的透明 PVC 管道

可以在楼角处放置相应的情景背景及游戏说明；用筐收纳若干塑料球（小球直径小于管道直径）并放置于此

将开口的塑料盒固定在管道尾部，收集滑落的小球

在楼梯台阶的右侧固定若干泡沫垫，上面粘贴小鸡脚印的图案；在个别脚印与泡沫垫中间放入 BB 发声器

小鸡头饰若干，以筐收纳，置于楼梯下方

步骤 1. 孩子去小鸡头饰戴上，以双脚交替的方式上楼，踩在发声的小鸡脚印泡沫垫上。

步骤 2. 上楼后，到小树背景处捉一只"小虫"（小球），投入管道中。

步骤 3. 然后，扶着扶手走下楼。

我是小鸡，踩在交错放置的脚印垫上，我要去抓小虫啦！

抓到的小虫从洞洞管子里滑下去了，我能追上它吗？

我自己一步步走下来了，我追上了小虫！

上楼后到"小树"那边捉一只"小虫"，投入圆管中，然后扶好楼梯走下楼。

上楼梯要扶好栏杆，小眼睛看前方，小脚交替向上踏。

跟前面的小朋友要保持一定的距离，不要着急，别人走得慢时，要学会等一等。

小贴士

1. 在多个孩子同时上下楼梯时，老师要提醒他们注意安全，前后保持距离，不挤、不推。
2. 等前一个孩子完全上楼后，后一个孩子才能出发。

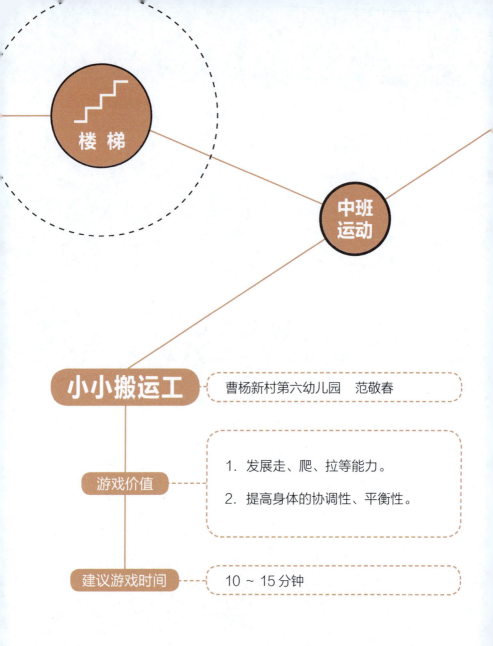

楼 梯

中班
运动

小小搬运工

曹杨新村第六幼儿园　范敬春

游戏价值

1. 发展走、爬、拉等能力。

2. 提高身体的协调性、平衡性。

建议游戏时间

10 ~ 15 分钟

塑料球若干，
收纳于筐内

在塑料篮筐上绑绳，制成
可背的箩筐，筐内收纳不
同颜色的帽子若干

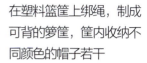

根据楼梯长度定制
一块加长型垫子，
收纳时可三折

在楼梯右侧
的墙面上固
定若干风铃
或铃铛

玩法1. 背下楼

（1）将箩筐、帽子和一个空筐放在楼梯上方，将塑料球放在楼梯下方。在楼梯左侧的台阶上粘贴不同颜色的圆点，颜色同帽子颜色一致。

（2）孩子在楼梯上方背上箩筐，戴上帽子，按帽子的颜色踩着台阶上的同色圆点下楼，到达楼下时把小球放在箩筐里，然后背着箩筐从右侧上楼，边跑边拨弄墙上的风铃，上楼后把球放进空的收纳筐里。

（3）可以2人一组配合，一人将小球用箩筐运送至楼上，一人在楼上把装有小球的箩筐背上，踩着相应圆点走下楼，再把小球和箩筐分开放置。

我戴着黄色帽子，我要踩着圆点下楼。

玩法2. 爬上楼

（1）在另一层楼梯上铺上垫子。

（2）孩子可以用不同的方法通过垫子上下楼。

你看，这里有三种颜色的帽子，戴上哪种颜色的帽子就要踩着同色的圆点下楼。

你们有什么好办法把球放进筐里吗？可以先背上背篓，然后用手轻轻往后抛球；也可以先把筐放下来，再将球装进去。

你可以在垫子上趴着滑下去、盘腿坐着滑下去吗？可以从下面通过垫子爬上去吗？

小贴士

1. 在孩子根据同色圆点两格一走的时候，老师要提醒他们注意安全。
2. 老师要提醒孩子在戴帽子时不要遮住眼睛。
3. 脱下筐的时候，提醒孩子不要太用力，不然小球可能会掉下去。
4. 提醒易出汗的孩子及时擦汗、脱衣，或在运动中途适当休息以调整运动量。

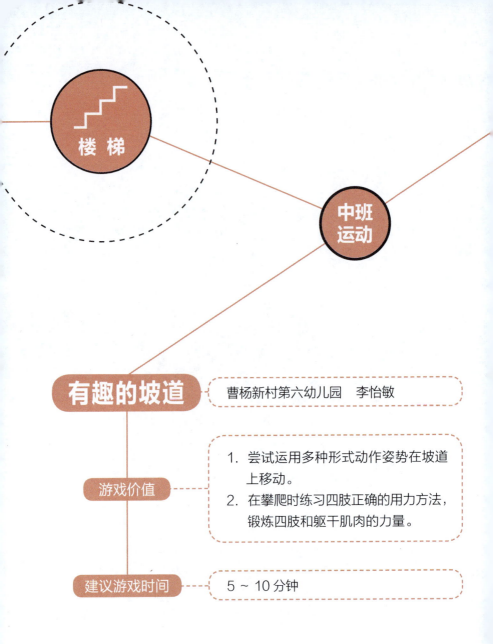

楼 梯

中班运动

有趣的坡道

曹杨新村第六幼儿园　李怡敏

游戏价值
1. 尝试运用多种形式动作姿势在坡道上移动。
2. 在攀爬时练习四肢正确的用力方法，锻炼四肢和躯干肌肉的力量。

建议游戏时间
5 ~ 10 分钟

结实的攀爬绳

在台阶侧面的
边缘处粘贴彩
色脚印

与楼梯长度一致的定制垫子,
收纳时可以多次折叠

玩法 1. 滑垫上下坡

（1）将垫子展开铺在楼梯上；将攀爬绳的一头固定在楼梯上方后垂下。

（2）上楼：拉绳走、扶杆走；下楼：坐滑、侧滑、倒滑、多人叠滑、拉绳走。

玩法 2. 攀爬上下坡

（1）在楼梯侧面，孩子抓着扶手，踩着台阶上下。

（2）孩子可以按照台阶上的颜色脚印指定规则，只能踩某种颜色的位置，以实现连续或间隔地侧向攀登，增加难度。

蓝色的脚印隔得真远呀！可是我很厉害，爬得稳稳的！

冲啊！小手抓牢才会稳，我们一起向下滑。

用小手给自己做好保险，紧紧地抓住绳子，才能安全地滑下来哦!

有人要上，有人要下，有什么好方法能让上、下的朋友都能通过呢?

想一想，还可以用什么方式上坡和下坡呢?

小贴士

1. 每次运动前，老师检查攀爬绳和滑垫是否已被固定牢固，保障孩子们在运动中的安全。

2. 在上坡和下坡的过程中，若孩子们的路线有冲突，老师可以提示他们自己想办法解决。

3. 当孩子滑坡的动作存在危险时，老师要及时进行引导和辅助。

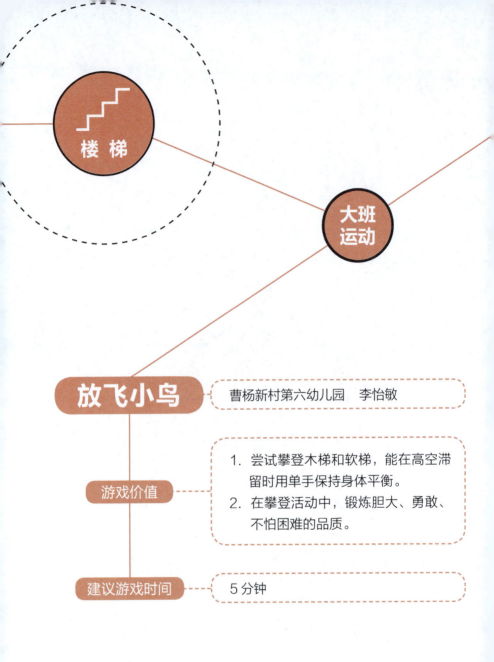

楼 梯

大班
运动

放飞小鸟

曹杨新村第六幼儿园　李怡敏

游戏价值

1. 尝试攀登木梯和软梯，能在高空滞
   留时用单手保持身体平衡。
2. 在攀登活动中，锻炼胆大、勇敢、
   不怕困难的品质。

建议游戏时间

5分钟

缝有魔术贴的
背心

缝有魔术贴的小
鸟布贴

在高处固定并垂
下的组合爬梯

可粘上小鸟布贴的由不织布
制成的蓝天背景板，固定在
爬楼顶部的天花板上

玩法 1. 送小鸟上天

（1）孩子穿上背心，将小鸟贴在背心上，沿着爬梯进行攀登，一直爬到蓝天背景。

（2）单手握杆，另一只手将身上的小鸟粘贴到蓝天背景上。

（3）沿着爬梯向后退，爬回地面。

玩法 2. 比一比

（1）两个孩子进行比赛。

（2）同一时间内，谁贴在蓝天上的小鸟数量多，谁获胜。

看！
我把小鸟送上蓝天啦！

比一比，
看谁爬得又快又稳！

比一比，
看你们谁送上蓝天的
小鸟数量多！

怎样才可以爬得
又快又稳呢？小手要
抓牢，小脚要踩好，
手脚交替向上爬。

放飞小鸟的时候，
你能只用一只手稳稳地
抓牢爬梯吗？

小贴士

1. 每个爬梯只能有一个孩子在游戏。
2. 孩子在高处停留时，老师要注意观察情况，确保孩子的安全。

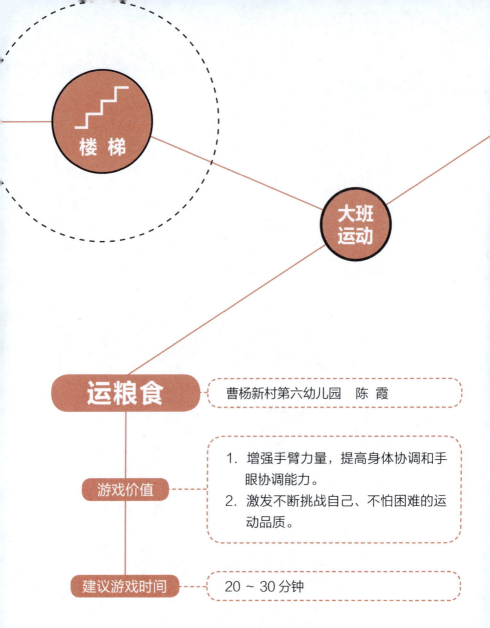

楼 梯

大班
运动

运粮食

曹杨新村第六幼儿园　陈　霞

游戏价值

1. 增强手臂力量，提高身体协调和手眼协调能力。
2. 激发不断挑战自己、不怕困难的运动品质。

建议游戏时间

20 ～ 30 分钟

根据楼梯的长凳
定制，可折叠收
纳的楼梯垫

布袋若干，内装重
量不同的物品，作
为被运输的粮食

在攀爬绳上打几个结，
在绳子的一头用胶带
绑一个钩子

步骤 1. 把垫子铺在楼梯上。

步骤 2. 孩子选择不同重量的"粮食"。

步骤 3. 将"粮食"顺着楼梯垫下滑到楼梯口，再把有钩子一头的绳子往下放顺着楼梯垫滑下去。

步骤 4. 把"粮食"钩在绳子的钩子上。

步骤 5. 在楼梯上方，握住绳子用力往后拉提"粮食"至楼梯上方。

顺着垫子，"粮食"就能滑下去。

"粮食"被我拉上来啦！

怎样才能把货物拉上来? 双手握紧绳子, 用力向后拉。

你觉得在拉"粮食"时, 身体应该是什么姿势? 对, 稍微往前倾, 重心要稳。

想一想, 往下滑和往上拉"粮食"时, 有什么安全事项要注意?

小贴士

1. 孩子可以根据自己的情况, 自行决定并选择不同重量的"粮食"开展游戏。

2. 较重的"粮食"在被上拉时, 有可能卡住, 老师可以提示孩子改变力度和用力方向, 以避开障碍。

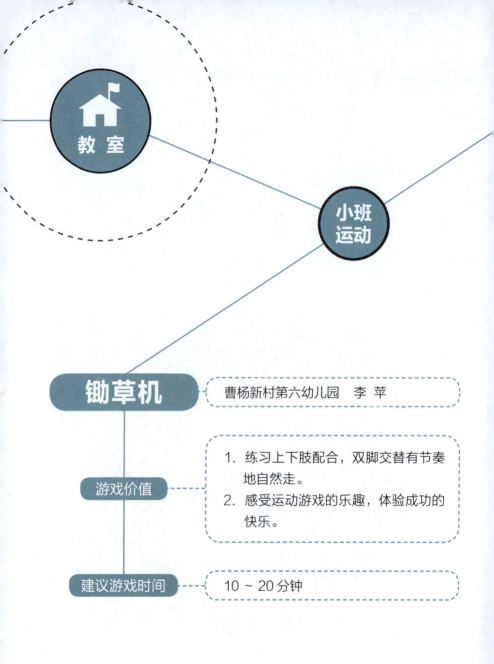

教室

小班
运动

锄草机 ----- 曹杨新村第六幼儿园　李　苹

游戏价值 ----- 1. 练习上下肢配合，双脚交替有节奏
地自然走。
2. 感受运动游戏的乐趣，体验成功的
快乐。

建议游戏时间 ----- 10 ~ 20 分钟

1块绿色垫子

2个自制滚筒作为锄草机，
圆桶可绕着塑料管滚动，
桶身上粘满魔术贴

用不织布自制小草、小虫
图案若干，收纳于筐内

玩法1. 将"小草"、"小虫"布贴置于垫子上,孩子推动锄草机,利用滚筒上的魔术贴将垫子上的小草、小虫粘起,模拟"锄草"、"除虫"的动作。

玩法2. 两人同时在垫子上运动,比赛看谁粘上的"小草"、"小虫"更多。

地上的草又多又密时，可以用手中的锄草机来回多滚几下。

怎样推动手中的锄草机，才能把地上的草除干净？

两人同时除草时怎样才能不和别人撞到一起呢？

小贴士

1. 孩子可自行决定在垫子上移动的路线。
2. 两人同时在垫子上，以同向或面对面移动时，老师要提醒孩子保持距离以免碰撞。

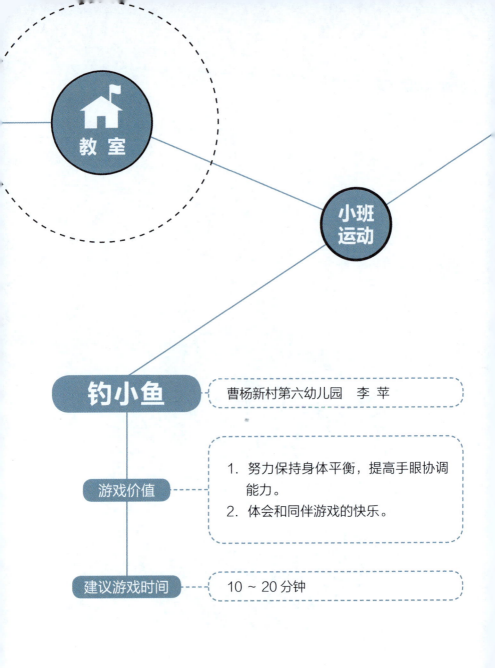

教室

小班运动

钓小鱼

曹杨新村第六幼儿园　李 苹

游戏价值

1. 努力保持身体平衡，提高手眼协调能力。
2. 体会和同伴游戏的快乐。

建议游戏时间

10 ~ 20 分钟

可伸缩长度的细鱼竿若干，在鱼竿顶端加装磁铁

在平衡板上贴脚印图案

带磁铁的塑料小鱼若干，用筐收纳

用泡沫棒自制粗鱼，鱼竿的顶端加装磁铁

折叠式的游戏围栏

游戏玩法

玩法 1. 孩子站在平衡板上保持身体的平衡，用粗细不同的鱼竿钓起围栏内的小鱼，放入身旁的筐中。

玩法 2. 和同伴比一比，同一时间段内，谁钓到的小鱼更多。

一边站稳一边钓鱼，还真不容易！

我已经钓到3条鱼啦！我是钓鱼小能手！

想要钓到鱼，试一试用鱼饵靠近小鱼的嘴。看老师是怎么做的。

怎样才能在钓鱼台（平衡板）上站稳呢？

细鱼竿、粗鱼竿，哪种更容易钓到鱼？

小贴士

1. 孩子可以在充分尝试后，自主选用不同粗细的鱼竿进行钓鱼游戏。
2. 两人或多人比赛时，站在钓鱼台（平衡板）外钓到的鱼或未装进筐的鱼均视为无效。

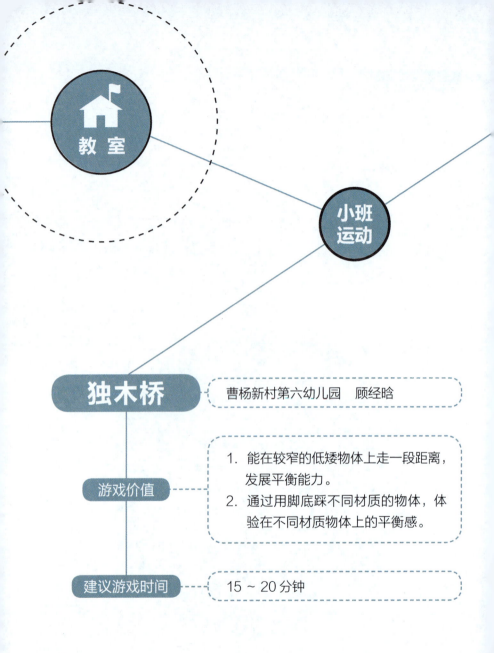

教室

小班
运动

独木桥

曹杨新村第六幼儿园　顾经晗

游戏价值

1. 能在较窄的低矮物体上走一段距离，发展平衡能力。
2. 通过用脚底踩不同材质的物体，体验在不同材质物体上的平衡感。

建议游戏时间

15 ～ 20 分钟

蜂窝形状的平衡木若干（也
可以用盒子等容器代替）

儿童椅子若干

圆形气垫若干

自制布袋若干，每个布袋里装有不
同的材料，如：不同形状的塑料圆
形串珠、雪花片、米、黄豆、沙子、
白扁豆等

玩法 1. 老师将椅子、平衡木（或盒子）、圆垫穿插排列成一定线路，在平衡木内放入装有不同材料的布袋。孩子脱鞋，从起点出发，沿着路线行走，循环往复。在行走的过程中用脚底去感受不同材料带来的触感。

我在开飞机呢，赶紧走起来！

玩法 2. 由孩子自己搭建行走路线，循环往复地在上面行走。

这个袋子踩上去硬硬的，有点硌脚。

这条路是我们自己搭建的，想怎么走就怎么走！

走独木桥时要注意你前面的小朋友有没有走完，一个跟着一个走，不挤不推！

走独木桥时，想要不掉下来，你可以张开双臂像开小飞机一样地走！

放轻松，不紧张，慢慢走，左脚右脚交替走！

小贴士

1. 在孩子行走时，老师提醒他们注意安全，感到身体不平衡时可以离开独木桥，不要推前方的同伴。
2. 如果走了几次后觉得没有难度了，可以尝试自己搭建独木桥，提高难度。
3. 本活动需要孩子脱鞋玩，所以要在合适的温度下进行。

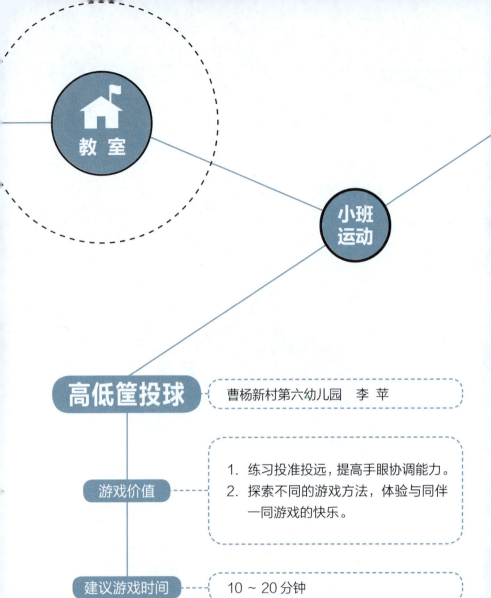

教 室

小班
运动

高低筐投球 —— 曹杨新村第六幼儿园　李 苹

游戏价值

1. 练习投准投远，提高手眼协调能力。
2. 探索不同的游戏方法，体验与同伴
　一同游戏的快乐。

建议游戏时间

10 ~ 20 分钟

不同高低宽窄
的塑料筐

在地面上粘贴标志，
划分出 2 个区域

在地面上粘贴圆点
标志，作为投球点

自制纸球若干，
收纳于筐内

玩法1. 孩子持球站在投球点，将球向前投入筐。

玩法2. 按自己的喜好摆放高低远近不同的筐，再从投球点开始进行投球游戏。

玩法3. 两人或多人协商确定多个筐的摆放位置和游戏规则，分界线两边同时开始比赛投球，结束后筐内得球多的一方获胜。

投得远一点，把球投进高高的筐里。

瞄准目标，把球投进低低的筐里。

把筐叠在一起，筐变得更高了！我们来试试，比比谁进的球多！

向远处的筐投球时，可以试试手臂用力向前投球的方法。

你觉得用什么姿势可以让你把球投进筐里？

你可以改变筐的远近位置和高低，自己动手试一试。

小贴士

1. 孩子可以自行决定投向高筐或低筐。
2. 孩子可以根据自己的喜好自由地调整筐的位置和高度。
3. 在投球点起投，按事先协商的游戏规则进行投球比赛。

教 室

小班
运动

灌篮高手

曹杨新村第六幼儿园　李　苹

游戏价值

1. 锻炼上肢的力量、灵活性、控制力和手眼协调的能力。
2. 学会遵守规则，体验运动、竞赛游戏的乐趣。

建议游戏时间

10 ~ 20分钟

自制的沙包软球若干，收纳于筐内

尼龙网上悬挂圆形笑脸图案若干

尼龙网上悬挂彩色铃铛若干

用尼龙网和PVC管制成网架，固定在墙面上

玩法 1. 在地上确定一条投掷线,站在标线外侧,拿沙包软球向上投向网架。

玩法 2. 对准网架上悬挂的铃铛和笑脸进行投掷,使其被击中后发出声响或左右摇晃。

玩法 3. 两人比赛,看同一时间段内,谁投中得又准又多。

我们都要站在这条线后才能投。

游戏指导

站在标线外侧，
抬起手臂向上投球。

你觉得用
怎样的动作更容易
把球投向网架？

先找到你的目标，
用小眼睛瞄准后再投，
这样更容易成功！

小贴士

1. 孩子可自由选择网架上的任一目标
   进行投掷。
2. 孩子可以协商确定是单人玩还是多
   人比赛投掷。
3. 投完后，孩子要及时捡回小球，放
   入收纳筐内。

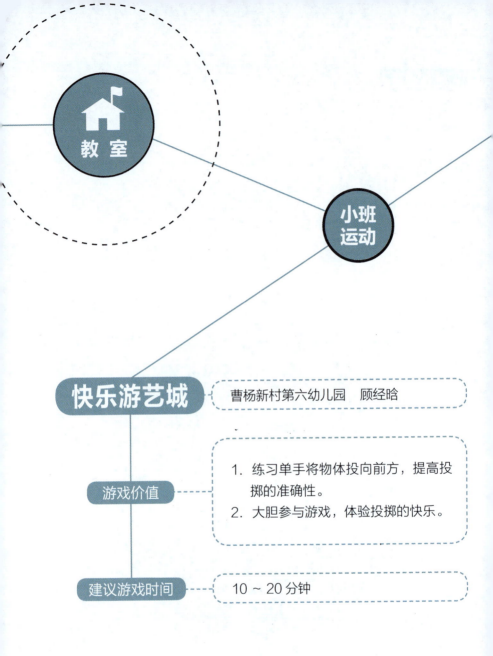

教室

小班
运动

快乐游艺城　曹杨新村第六幼儿园　顾经晗

游戏价值
1. 练习单手将物体投向前方，提高投
掷的准确性。
2. 大胆参与游戏，体验投掷的快乐。

建议游戏时间
10 ~ 20 分钟

毛球表面投掷黏贴板
若干，贴在墙上

用 KT 板打印灰太狼图
案，粘在墙面上，用创
可贴粘在图案上作为投
掷点标记

愤怒的小鸟玩偶若
干，作为投掷物

裹有魔术贴的
软球若干，作
为投掷物

用PVC管子组成长110厘米、高150厘米的架子，分为三层

最高一层两侧为左右翻板，中间为上下翻板；中间一层装2个左右翻板；最下一层装3个左右翻板

9格中间用KT板加管子制成9块翻板，一面印数字，一面印怪物图案

用PVC管子组合成长90厘米、高110厘米的架子；架子分成三层，自上而下，第一层均分为三格，第二层均分成四格，第三层均分成三格

在管子上悬挂怪物图案

玩法 1. 愤怒的小鸟

取不同尺寸的鞋盒若干，贴猪猪怪图片，搭成城堡造型。孩子手持小鸟玩偶，在规定的距离外对准城堡进行投掷，以完全打倒纸盒城堡为胜；孩子再自主搭建起新的城堡，开始第二轮投掷，如此循环。

我是愤怒的小鸟，看我用力投，把猪猪怪的城堡打倒！

我们一起对准太狼脸上的胶布条，投投投！

玩法 2. 攻打灰太狼

孩子手持软球在规定的距离外，对准灰太狼身上的"✕"标记物进行投掷。

用力打怪兽！怪兽被我们打翻转啦！

玩法 3. 怪兽翻翻板

孩子手持软球在规定的距离外，向翻翻板处进行投掷，将怪兽面打翻成数字面。

玩法 4. 星际穿越

孩子手持软球，对准悬挂的星际怪物进行投掷，能打中并穿越架子的为胜。

我打中怪物啦！

轻轻一投，小球黏在小丑的怀抱里啦！

玩法 5：黏贴乐

孩子手持软球，对准黏贴板进行投掷，看谁的小球黏在板上的最多。

一个软布球，你抛来我接住，和朋友玩游戏真开心。

玩法 6：接小猪

一人游戏可以向上自己抛接软球；两人游戏时，要将球用力抛向对方。

试试手臂弯曲，向前用力投。

眼看前方，手臂抬起，对准目标用力投。

站在投掷线处向前投球。

小贴士

1. 老师事先布置好活动区域，孩子自主选择项目进行活动，老师鼓励孩子把每一个项目都玩一玩。

2. "愤怒的小鸟"项目要求孩子对准自己面前的城堡进行投掷，小鸟玩偶全部投完后才能重新搭建城堡。

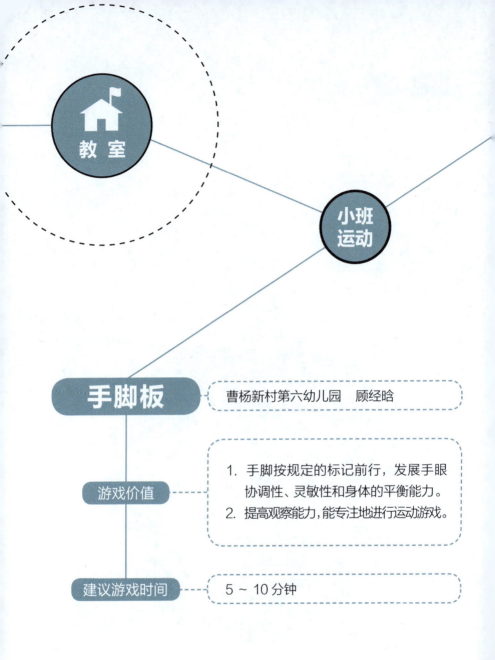

教室

小班
运动

手脚板

曹杨新村第六幼儿园　顾经晗

游戏价值

1. 手脚按规定的标记前行，发展手眼协调性、灵敏性和身体的平衡能力。
2. 提高观察能力，能专注地进行运动游戏。

建议游戏时间

5 ～ 10分钟

在 KT 板上画双手
双脚图案，裁成
统一形状

玩法 1. 老师将 KT 板以一定路线固定在地面上，孩子双手双脚按照手脚板上的提示摆好向前爬行至前一块板。

玩法 2. 孩子从一块板跳到另一块板上，要求手脚按在板上的规定位置。

找准板上的
小手小脚，跳过来时
要对齐！

小眼睛要看
清楚板上小手小脚的
位置。

要是跳到板外就是
掉到河里去了吧。

小贴士

1. 老师提醒孩子注意安全，和前面
的孩子保持两块板的距离。
2. 根据孩子的能力，老师适当地调
整手脚板的间隔距离。

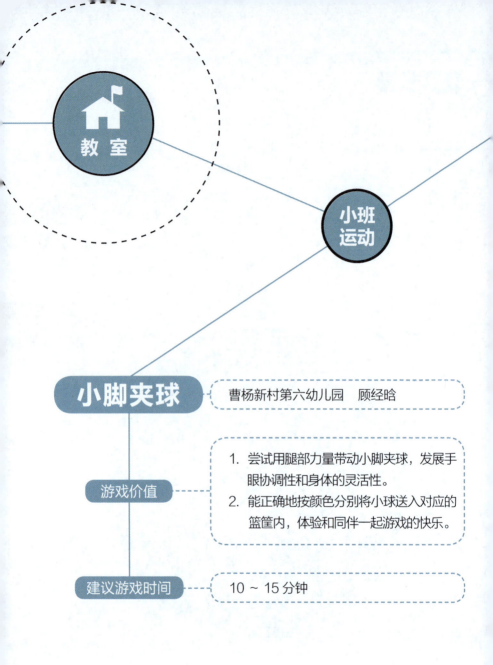

教室

小班
运动

小脚夹球

曹杨新村第六幼儿园　顾经晗

游戏价值

1. 尝试用腿部力量带动小脚夹球，发展手眼协调性和身体的灵活性。
2. 能正确地按颜色分别将小球送入对应的篮筐内，体验和同伴一起游戏的快乐。

建议游戏时间

10 ~ 15 分钟

4 个贴有颜色
标记的篮筐

4 种颜色的纸球若
干，纸球用封箱胶
带完整包裹

8 块泡沫垫拼接起来，
在中间留出一块区域，
将纸球放入其中

玩法 1. 孩子坐在泡沫垫上，利用腿部的力量，夹起中间区域里的纸球。

玩法 2. 孩子利用腿部的力量，夹起纸球，放入身后的篮筐中。

玩法 3. 孩子利用腿部的力量，夹起纸球，根据纸球的颜色放入对应颜色的篮筐中。

看，我的小脚多有力啊！我要把球夹起来！

绿色的篮筐在我身后，看来我要想个办法转身，球还不能掉！

哈哈哈！夹起来啦，是绿色的球，我要放进绿色的篮筐里！

游戏指导

把绿球宝宝
送回绿色的家里哦!

两只小手撑住,把
小脚变成小钳子,夹到
小球后抬起小腿。

转身放球,小脚
用力,看谁能坚持住
不让球掉下来!

小贴士

1. 让孩子把脱掉的鞋子整齐地放置
在规定的小脚印外。
2. 老师提醒孩子注意:和同伴一起
游戏时,不用小脚去踢球。

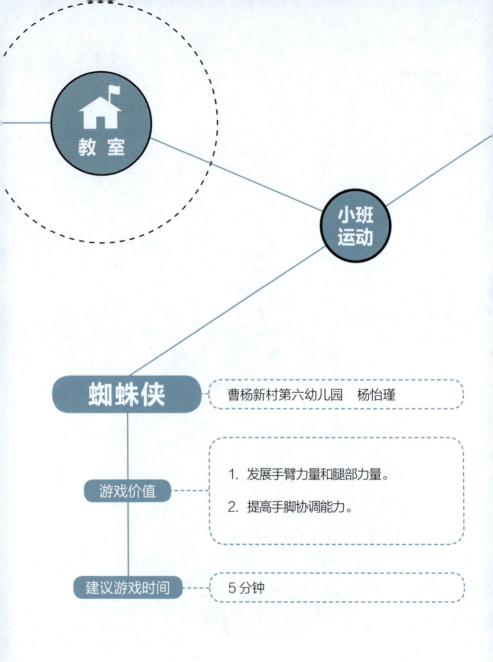

教室

小班
运动

蜘蛛侠

曹杨新村第六幼儿园　杨怡瑾

游戏价值

1. 发展手臂力量和腿部力量。

2. 提高手脚协调能力。

建议游戏时间

5分钟

在卫生间的门楣处悬挂 1 副吊环，高度可根据孩子的身高进行调整

用红、黄、蓝色的即时贴剪出脚印图案 6 对，分别贴在吊环两侧的门框上

3 层厚的垫子，可以将一块长垫子三折后使用，防止垫子在使用时发生位移

步骤 1. 孩子站在垫子上，老师帮助他拉到吊环。

步骤 2. 孩子两脚分开对应两边门框的脚印，靠自己的臂力和腿部力量，向上爬行并在一定高度停留片刻。

我靠自己的臂力和腿部力量，停在这里了，厉害吧！

蜘蛛侠需要双手拉住吊环，双脚踩住两边脚印往上爬。

每次请一位小小蜘蛛侠来玩游戏。

蜘蛛侠要想办法让自己爬得高，还要能停住。

小贴士

1. 老师鼓励孩子增长在空中悬吊停留的时间，可用数数的方法来计时。
2. 考虑到安全性，每个孩子游戏时都需要一位老师在旁边全程指导。
3. 孩子初步尝试时，可让其先试着用手悬吊，锻炼手臂力量。

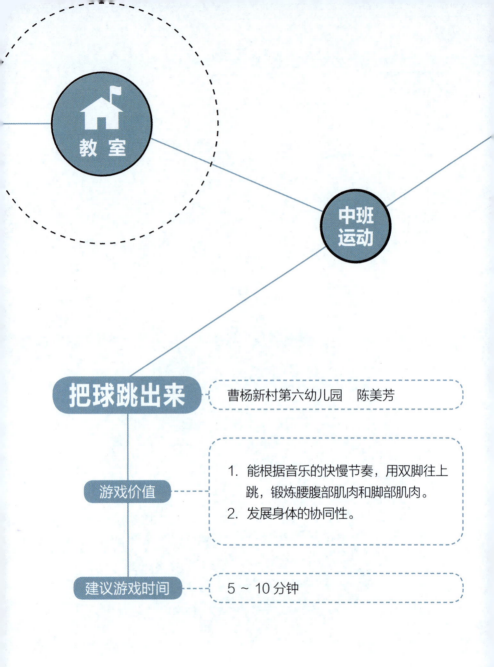

教室

中班运动

把球跳出来　　曹杨新村第六幼儿园　陈美芳

游戏价值

1. 能根据音乐的快慢节奏，用双脚往上跳，锻炼腰腹部肌肉和脚部肌肉。
2. 发展身体的协同性。

建议游戏时间　　5 ~ 10 分钟

3个塑料桶穿上绑带，
可束在孩子身上

自制纸球，收纳
于筐内

音响设备和
音乐

玩法1. 将塑料桶扣在孩子的腰部，桶里装满纸球，根据音乐节奏的快慢双脚往上变速跳，使球全部从桶里跳出，随后捡回纸球，重新开始游戏。

玩法2. 多个孩子同时玩，比一比，同一时间段内，谁跳出来的纸球多。或者谁先把桶里的球都跳出来。

我会跟着音乐节奏跳。

看我们谁最先把桶里的球跳完！

游戏指导

仔细听音乐,现在节奏是快还是慢呢?跟着节奏跳起来!

到底是跳得高球容易出来,还是跳得快球更容易出来呢?

还想再玩一次吗?小球都跳出来了,快把它们找回来放回桶里吧。

小贴士

1. 在孩子往上跳时,老师要提醒孩子身子站稳、注意安全。
2. 纸球都捡回来后才能开始新一轮游戏。
3. 多人同时玩时,老师提醒孩子保持间距,避免碰撞。

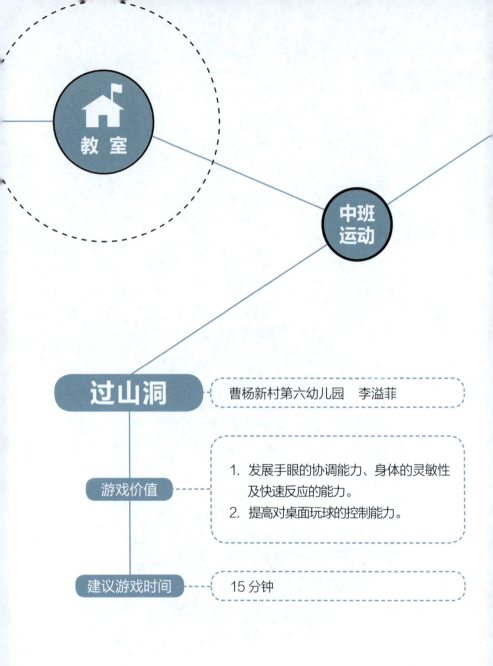

教 室

中班
运动

过山洞

曹杨新村第六幼儿园　李溢菲

游戏价值

1. 发展手眼的协调能力、身体的灵敏性及快速反应的能力。
2. 提高对桌面玩球的控制能力。

建议游戏时间

15分钟

3张桌子

玩法的简笔画提示图，贴在墙面上

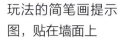

2个塑料球

用KT板裁出2块阻隔板，根据桌子的高度挖出上下2扇能让球通过的拱门，用即时贴包边装饰

步骤1. 老师将3张桌子拼起来，2块阻隔板插入桌子的缝隙中，孩子分别站在桌子的两端，面对面。

步骤2. 其中一个孩子将球推给对面的幼儿，球连续通过两扇拱门，游戏即为成功。然后，交换发球，重新开始。

能不能一次就让球穿越两个门洞呢？

趴在地上让球过山洞，难度比在桌面上的更高。

又有新的玩法了，我们可以用头来传接球。

在传球的时候，要先对准目标，手上不要用太大力；也可以试着用不同的姿势传球，感受一下球滚动的速度有没有变化呢？

每次可以有两个小朋友同时玩这个游戏。

游戏前一定要看清规则提示哦。再想一想，你们还能玩出什么样的创意呢？

小贴士

1. 孩子可以自由结伴进行游戏。
2. 球的大小、种类可以根据孩子的兴趣适时调整，感受不同球的特性。
3. 当有多个孩子要参与此游戏时，可以让没有接到球或球从桌面上滚落的孩子下场，由下一个孩子代替上场。让游戏可以反复继续。

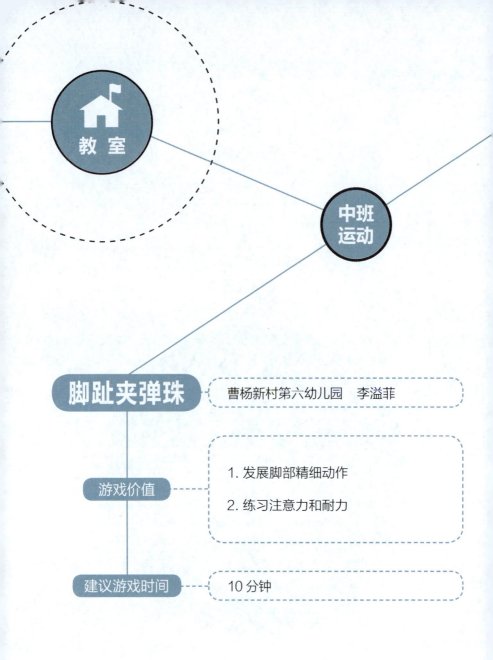

教室

中班运动

脚趾夹弹珠　　曹杨新村第六幼儿园　李溢菲

游戏价值
1. 发展脚部精细动作
2. 练习注意力和耐力

建议游戏时间　　10 分钟

1 个空篮筐

1 个跳棋棋盘

1 筐小弹珠

乒乓球若干

玩法 1. 孩子脱掉一只鞋子和一只袜子，坐在椅子上。用脚趾将弹珠夹入旁边的空筐里。

玩法 2. 用脚趾将弹珠夹入跳棋棋盘的空格里这个难度更高。

如果你觉得脚趾很难分开，可以试试将 5 个脚趾勾起来夹取弹珠。

在夹取弹珠的时候，一定要注意脚趾分开。不要心急，一粒一粒慢慢夹取。

再大胆想一想，你还有哪些新的玩法呢？能不能两个小伙伴用脚趾夹弹珠进行下棋比赛？

小贴士

1. 玩游戏的孩子只需要脱一只袜子和一只鞋子即可。

2. 弹珠的大小、种类可以根据孩子的兴趣适时调整，加入不同尺寸的球类，让孩子有不同的感受体验。

3. 散落在外的弹珠需要及时捡起放回，以避免对其他孩子产生安全干扰。

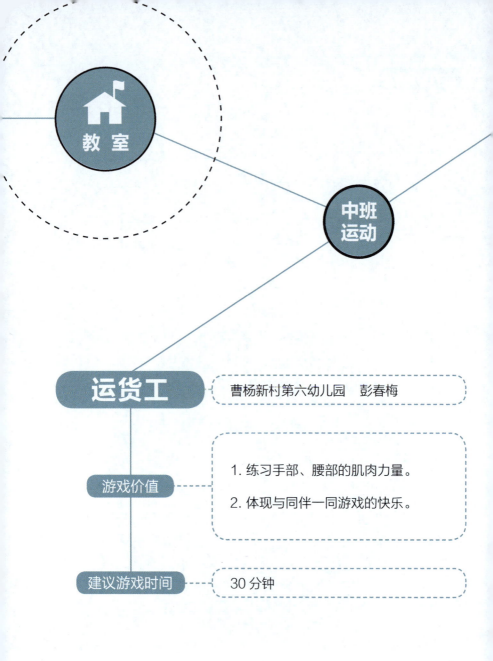

教室

中班
运动

运货工

曹杨新村第六幼儿园　彭春梅

游戏价值

1. 练习手部、腰部的肌肉力量。

2. 体现与同伴一同游戏的快乐。

建议游戏时间

30 分钟

将报纸等物品放入
筐中作为货物

在塑料筐的一侧穿上
绳子作为拉手

游戏玩法

步骤 1. 站在筐前，背对筐，两手拉紧绳子，从起点出发边走边拉筐，直到终点。

步骤 2. 面对筐，微屈身，往前推筐，回到起点并敲响铃鼓，作为一轮。

步骤 3. 孩子可以与同伴协商进行运货比赛，也可以找老师一起比赛。

让我们比一比，谁的速度快。

弯下腰，往前拉，我们都是搬运工！

多人一起玩时，怎样才能避免相互碰撞？

你觉得用什么姿势可以拉动货物呢？

你想运输什么货物，可以自己动手装。

小贴士

1. 老师要提醒孩子注意安全，移动的时候避让人群，不要撞到同伴。
2. 孩子可以自己选择搬运方式，如拖、拉、推等。
3. 此工具可应用于日常区角活动中，作为其他区域活动时搬运物品的基本方式。

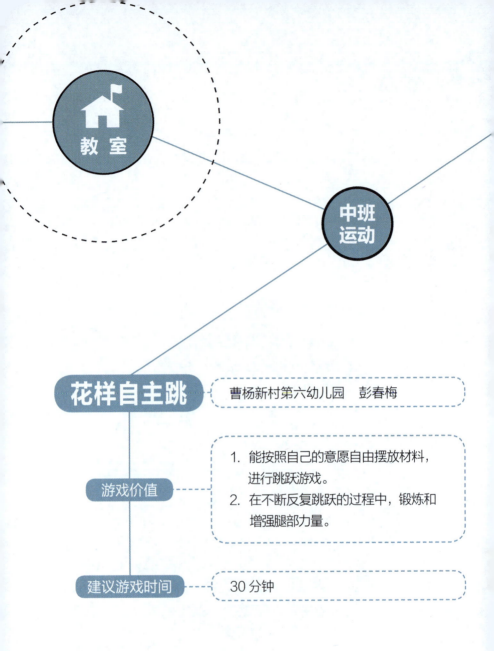

教室

中班
运动

花样自主跳

曹杨新村第六幼儿园　彭春梅

游戏价值

1. 能按照自己的意愿自由摆放材料，进行跳跃游戏。
2. 在不断反复跳跃的过程中，锻炼和增强腿部力量。

建议游戏时间

30 分钟

印有数字的
垫子

绳梯

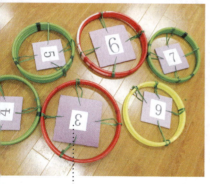

将贴有数字的方型 KT 板置
于呼啦圈中间，用绳子将其
与呼啦圈捆绑固定在一起

玩法 1. 独木桥

孩子自由摆放跳跃材料——绳梯、圆垫、呼啦圈，制作成独木桥，从起点开始，沿着独木桥完成跳跃游戏。

玩法 2. 数字跳

孩子们协商确定游戏规则，如可根据数字顺序摆放跳跃材料后，进行跳跃游戏；或摆成独木桥后，只能跳某些数字格等。

双脚并拢跳、单脚跳、直线前进跳、左右跳。会的真多，太棒了！

你们有哪些跳跃前进的方法？

眼睛看准要跳跨的"洞"，和同伴隔开距离后再跳。

小贴士

1. 孩子可以自由摆放材料组成跳跃路线。
2. 孩子可以协商确定跳跃游戏的规则。
3. 老师要提醒孩子，多人同时玩时，保持间距，不推不挤。

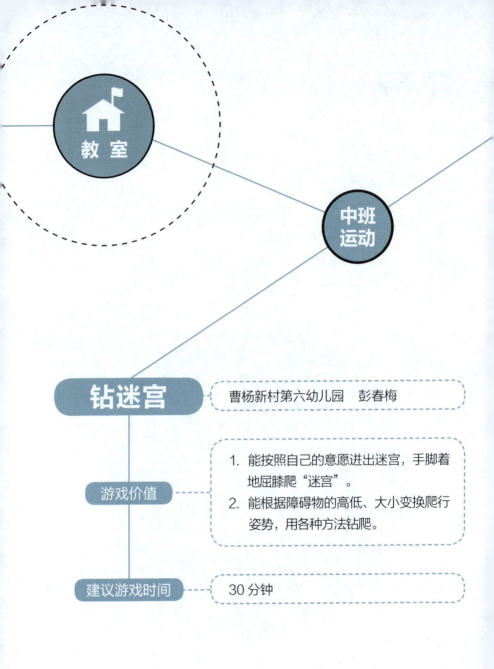

教室

中班
运动

钻迷宫

曹杨新村第六幼儿园　彭春梅

游戏价值

1. 能按照自己的意愿进出迷宫，手脚着地屈膝爬"迷宫"。
2. 能根据障碍物的高低、大小变换爬行姿势，用各种方法钻爬。

建议游戏时间

30 分钟

适合儿童身高的
桌子、椅子

渔网

小帐篷　　铝箔管

玩法 1. 迷宫乐

孩子们用桌椅和各种辅助材料搭建迷宫，再在迷宫中出入。

玩法 2. 钻爬乐

孩子只能以钻爬的方式出入迷宫，如：手膝着地爬、手脚着地爬、匍匐爬、侧身爬、倒退爬、仰面爬等。

我要爬出
这个迷宫！

这里有个洞，怎么穿过去？你可以试一试手脚着地屈膝爬的方法。

用这些材料造一个迷宫吧，要有入口和出口。

你还会其他的钻爬动作吗？它们适合用在哪些障碍物上？

小贴士

1. 老师提醒孩子注意安全，钻爬的时候注意方向，不要撞到同伴。
2. 老师可以协助孩子提高迷宫的难度，以便让孩子出现多种相应的钻爬动作，如：正面钻、侧身钻、手膝着地爬、手脚着地爬、匍匐爬、侧身爬、倒退爬、仰面爬等。

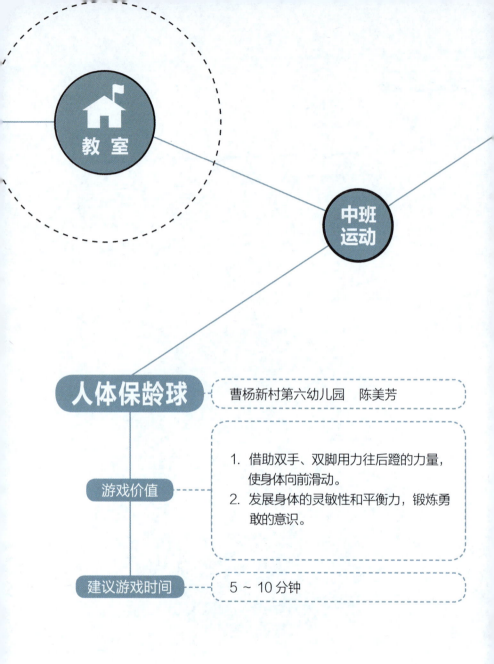

教室

中班
运动

人体保龄球

曹杨新村第六幼儿园　陈美芳

游戏价值

1. 借助双手、双脚用力往后蹬的力量，使身体向前滑动。
2. 发展身体的灵敏性和平衡力，锻炼勇敢的意识。

建议游戏时间

5 ~ 10 分钟

带轮子的
滑板车

手套

空的薯片罐
若干

用于定位的三角形软垫 1 块，
上面画有位置标记

玩法 1. 孩子将三角形软垫铺在地上，根据上面的标记放置薯片罐；戴上手套，趴在滑板车上，双手双脚用力向后蹬，使滑板车往前带动身体冲向薯片罐，罐子全部倒下则游戏成功。

玩法 2. 可两人结伴游戏，一人趴在滑板车上，另一人摆放罐子，然后交换角色玩。

双手双脚向后一蹬，我就冲出去啦！

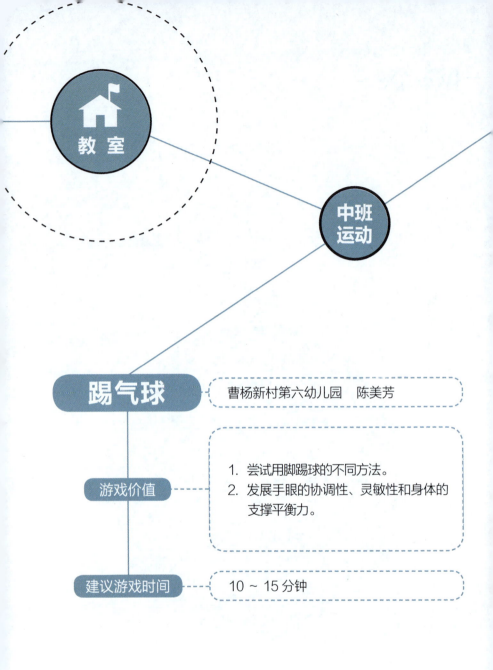

教室

中班
运动

踢气球 ⎯ 曹杨新村第六幼儿园　陈美芳

游戏价值 ---
1. 尝试用脚踢球的不同方法。
2. 发展手眼的协调性、灵敏性和身体的支撑平衡力。

建议游戏时间 --- 10 ~ 15 分钟

材料准备

用2张桌子隔出一块区域，地上铺上垫子

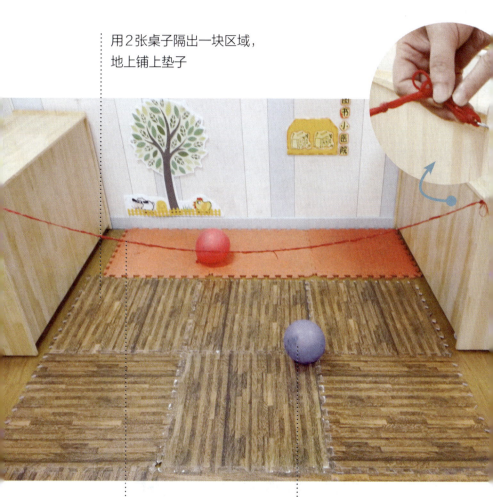

在2张桌子间松松地固定一条长皮筋

塑料球若干

步骤 1. 2 个以上孩子参与游戏，分别坐在垫子上，双脚跷起，以两手支撑身体保持身体的平衡，仅手和臀部接触地面，用双脚将气球踢过皮筋，踢到对方的区域内。

步骤 2. 孩子可以用自己身体的任意部位接球，再踢向对方。

步骤 3. 孩子可以协商确定更复杂的游戏规则。

我会守住的，看我踢回去！

看我踢得多高呀！

每边都有 2 个人时，
要怎么相互配合，才能
不让球落到自己这边？

用什么姿势能
不靠手把球踢过线？
看老师是怎么做的。

还有哪些游戏规则
要事先说好？

小贴士

1. 老师要提醒孩子在踢球时
   不要踢到对方。
2. 游戏规则不能用手接球，
   老师鼓励孩子尝试用身体
   的其他部位碰球，练习身
   体的灵活性。

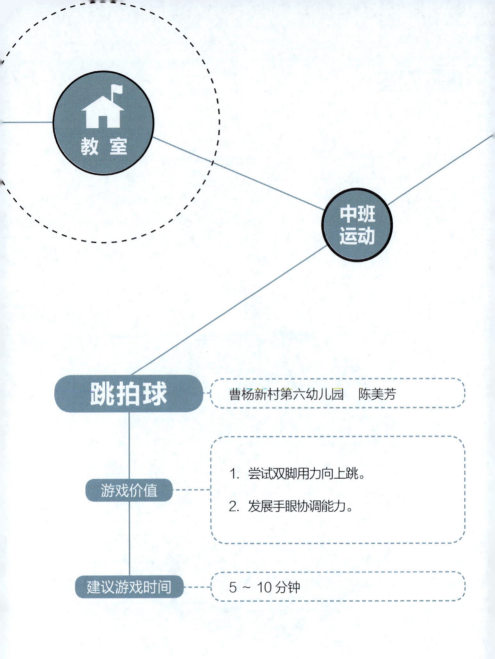

教室

中班
运动

跳拍球 ········ 曹杨新村第六幼儿园　陈美芳

游戏价值 ----- 1. 尝试双脚用力向上跳。

2. 发展手眼协调能力。

建议游戏时间 ----- 5～10分钟

将若干动物手掌造型的毛绒玩具悬挂在天花板上，玩具开口向上

在毛绒玩具的开口内放入若干小球

玩法 1. 孩子原地向上跳起拍打上方悬挂着的高低不一的动物手掌玩具。

玩法 2. 多次拍打动物手掌玩具，促使内部的小球被击打出来。

和其他人保持一定距离，不要撞在一起。

怎样才能跳得更高呢？

可以先从挂得低的玩具玩起，再挑战难度大的。

小贴士

1. 老师藏在玩具内的物品可以对孩子先保密，以提升他们跳拍击打的兴趣。
2. 玩具的开口应较大，易于内部的物品被击打后掉落出来。

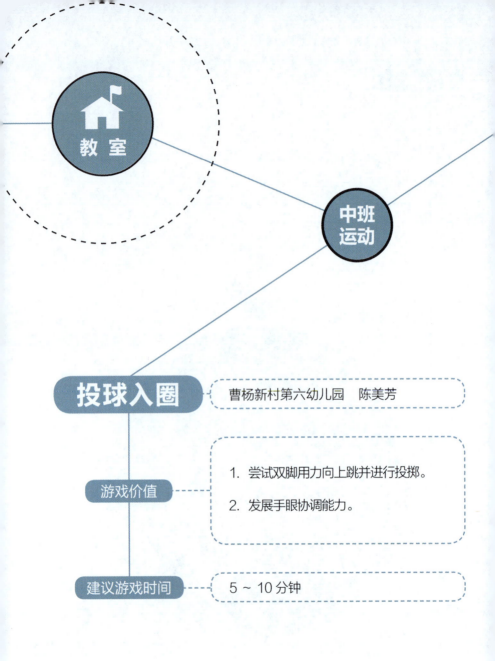

教室

中班
运动

投球入圈

曹杨新村第六幼儿园　陈美芳

游戏价值

1. 尝试双脚用力向上跳并进行投掷。

2. 发展手眼协调能力。

建议游戏时间

5 ~ 10 分钟

塑料棍若干，
收纳于筐内

在天花板上悬挂若干高低、
直径各不相同的吊环

玩法 1. 孩子手持泡沫棍，原地往上跳将棍子投向吊环。从中穿过。

玩法 2. 如多人比赛，同一时间段内投掷棍子穿过吊环数量多者为胜。

先蹲下再起跳，可以跳得更高哦！

要怎么跳才能够到圆环呢？

和其他人保持一定距离，不要撞到。

小贴士

1. 老师提醒孩子跳起后，扔出棍子的动作要领。
2. 可以由孩子自己协商确定游戏规则。

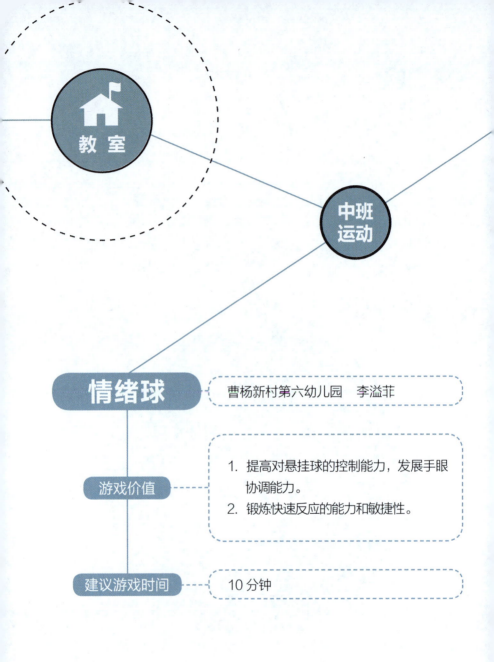

教室

中班
运动

情绪球

曹杨新村第六幼儿园　李溢菲

游戏价值

1. 提高对悬挂球的控制能力，发展手眼协调能力。
2. 锻炼快速反应的能力和敏捷性。

建议游戏时间

10分钟

在天花板上悬垂
下一个塑料球

将游戏示意图
贴在墙上

发泄球

适合孩子戴的
拳击手套

玩法 1. 孩子站在悬挂球前，保持适当的距离，戴上拳击手套后击球。

玩法 2. 孩子站在悬挂球前，保持适当的距离，用脚踢球。

玩法 3. 2 个孩子分别戴上拳击手套，隔着球面对面互相击球。

玩法 4. 孩子站在球下，用头顶球，保持球不落下。

玩法 5. 2 个孩子共同合作头顶球，保持球不落下。

球会弹回来，要连续不断地击打才行。

用脚来踢球，和手打球有点不太一样

一起合作比一个人顶球来得容易。

我们都是拳击手，来比赛吧！

我能用头让球保持平衡。

小眼睛要看清球弹回来的方向，然后找个适当的时机给予回击。

在击球的时候一定不要用太大的力气，要控制好手臂的力量。

仔细想一想，你还能有哪些创意的玩法呢？

小贴士

1. 老师提醒孩子与球保持一定的距离。
2. 老师提示孩子观察因击打位置不同导致球回弹方向的变化，引导孩子找到最合适的击球点。

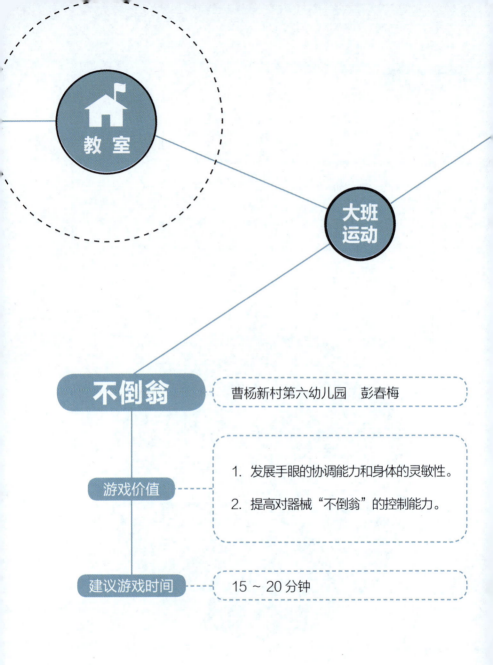

教室

大班
运动

不倒翁 ----- 曹杨新村第六幼儿园　彭春梅

游戏价值 -----
1. 发展手眼的协调能力和身体的灵敏性。

2. 提高对器械"不倒翁"的控制能力。

建议游戏时间 ----- 15 ~ 20 分钟

1个不倒翁器材——顶部为平面,底部为弧面,置于地上会轻微地左右摇晃(可以用类似物品替代来自制)

游戏玩法

玩法 1. 单人平衡

(1)孩子站在不倒翁上,抬起双手保持身体的平衡。

双腿站站稳,双手开飞机。

蹲下不摔倒,身体向前倾。

不倒翁不管往哪滚,我都能站稳!

(2)蹲下身体保持平衡。

(3)把不倒翁侧放,站在上面保持身体平稳,慢慢地往前或者往后缓缓移动。

玩法2.多人平衡

（1）两人相互拥抱站在不倒翁上，保持身体平衡不落地。

（2）多人相互拥抱站在不倒翁上，保持身体平衡不落地。

我们一起站站稳，互帮互助不摔倒。

人越来越多啦，看我们有什么好办法！

玩法3.双人合作

把不倒翁侧放，一人站在不倒翁的两边保持身体平衡，往前缓慢移动，另一人帮忙扶着；互换角色，重新玩。

我们三个站站稳，互帮互助不摔倒。

你扶我走，互帮互助！

怎么才能
在不倒翁上保持
平衡呢?

踩着不倒翁前进,
你有什么诀窍?

你还有别的玩法吗?

小贴士

1. 在孩子熟悉基本玩法后,可由孩子
   协商确定更多玩法或游戏规则。
2. 当有多个孩子要参与此活动时,可
   以让他们进行合作游戏,互相依靠
   对方使自己的身体得到平衡。
3. 在游戏前,老师要注意地面上是否
   有障碍物或不安全因素隐患存在。

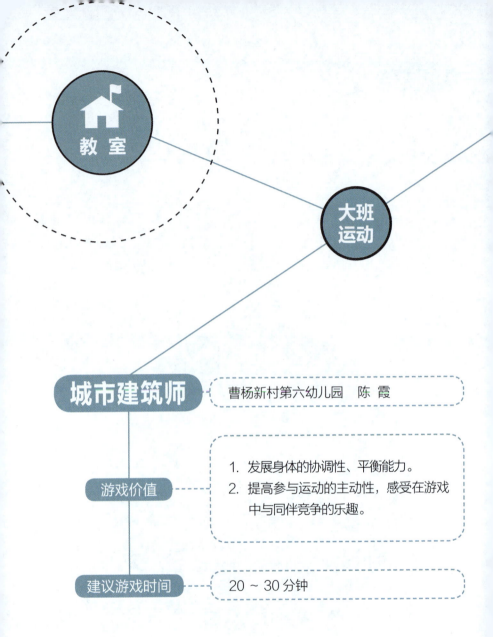

教室

大班运动

城市建筑师

曹杨新村第六幼儿园　陈　霞

游戏价值

1. 发展身体的协调性、平衡能力。
2. 提高参与运动的主动性，感受在游戏中与同伴竞争的乐趣。

建议游戏时间

20 ~ 30 分钟

选择一块尺寸合适的无纺布，在上面绘制城市建筑物，粘贴在墙面上。

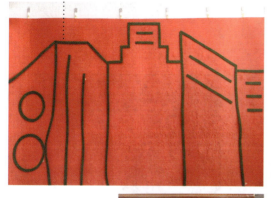

竹梯

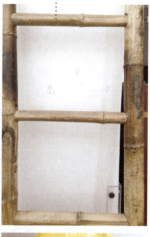

四脚扶梯

儿童用头盔

将手工纸四边压花后塑封，作为"瓷砖"

步骤 1．孩子在起始处戴上头盔，拿取一块"瓷砖"在手，两人一组竞赛。

步骤 2．跑到架在无纺布背景前的梯子处，攀爬梯子至相应的位置。

步骤 3．将"瓷砖"贴到墙上，完成任务后，爬下梯子。

步骤 4．小跑至放头盔和瓷砖的起点，再取一块"瓷砖"，循环往复。

跑得快就能先爬梯子。

从下往上贴瓷砖，比一比看谁贴的瓷砖多。

游戏指导

爬梯子时
要注意什么?

你觉得
跑一次可以贴几块
"瓷砖"?

请你想一想,
2人比赛贴"瓷砖",
该怎么判定输赢?

小贴士

1. 允许孩子根据自己的情况、自行
   决定每次拿取"瓷砖"的数量。
2. 梯子有高有矮,允许孩子根据自
   己的能力,选择适合自己的梯子。
3. 老师提醒孩子在小跑的过程中,
   注意避让、避免碰撞。

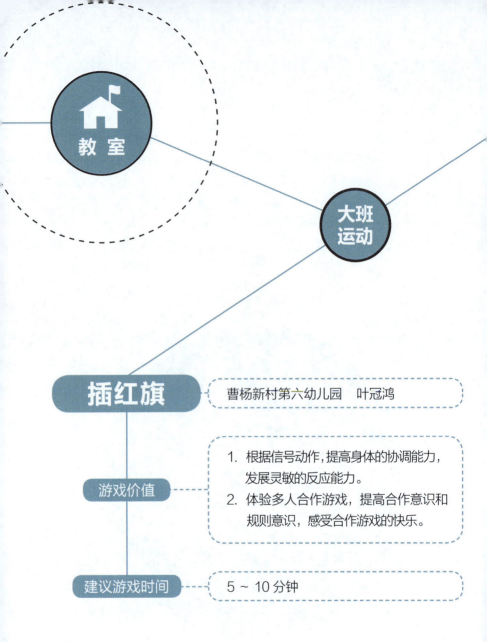

教室

大班
运动

插红旗

曹杨新村第六幼儿园　叶冠鸿

游戏价值

1. 根据信号动作，提高身体的协调能力，发展灵敏的反应能力。
2. 体验多人合作游戏，提高合作意识和规则意识，感受合作游戏的快乐。

建议游戏时间

5～10分钟

4 把小椅子，上面放红、黄、
蓝、绿色旗各 4 面

将 4 个纸杯
分别涂上红、
黄、蓝、绿色，
杯子底部戳 4
个洞

由红、黄、蓝、
绿四色拼接成的
一条弹力带

在底板上贴
红、黄、蓝、
绿色的圆点

步骤1. 4 人参与比赛，另一人做裁判。裁判在游戏开始前要负责把旗子整齐地摆放在对应的小椅子上，把椅子散开放在四角。

步骤2. 4 人分别选择一种颜色，将四色弹力带套至腰间，站在地面相应颜色的圆点上（腰间弹力带颜色与地面点子颜色相同），面向离自己最近的小椅子。

步骤3. 裁判："请站在点子上，准备好了吗？（准备好了！）预备开始！" 4 人根据信号，各自发力向前去拿位于四个角上小椅子上的旗子，每次只能拿一面，裁判负责喊停，第一、二个拿到旗子的人可以把旗子插到纸杯底的洞里。

步骤4. 重新比赛，直至有人把纸杯底的四个洞口插满旗子，获得胜利。

步骤5. 获胜的人与裁判交换角色，进行下一轮游戏。

你们准备好了吗？预备，开始！

努力向前走，我拿椅子上的旗子了！

我拿到旗子啦！

弯下腰、向前跨步，前面这一方用力拉，腰部使劲，加油！

一定要听清楚裁判的口令开始和停止。

会听口令，能遵守游戏规则，你才能玩得尽兴！

小贴士

1. 游戏开始后要完成一轮比赛才可以离开，不能中途离场。
2. 本游戏也可以两人比赛，老师可以根据孩子的体形条件适当地帮助他们进行分组比赛，体现游戏的公平。

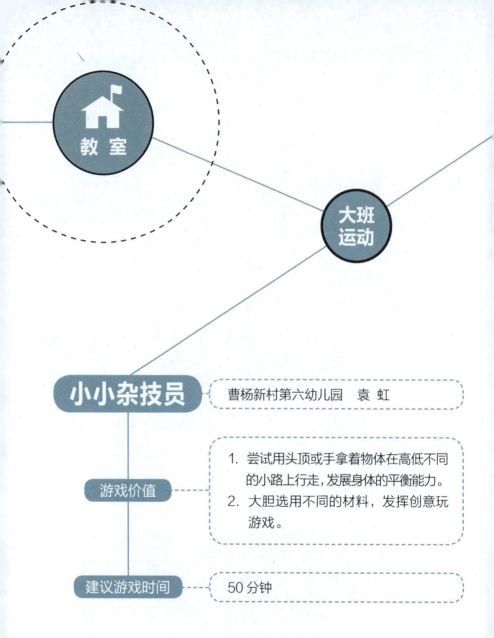

教室

大班运动

小小杂技员

曹杨新村第六幼儿园　袁 虹

游戏价值

1. 尝试用头顶或手拿着物体在高低不同的小路上行走，发展身体的平衡能力。
2. 大胆选用不同的材料，发挥创意玩游戏。

建议游戏时间

50 分钟

		过河石道具若干（或坚固的碗状容器）	
小椅子若干	大型塑料积木若干		垫子若干

2 个碟子	4 只塑料球	2 块乒乓球板	2 副眼罩

1 把火炬玩具	1 个鸡毛毽	2 只纸球	小丑帽若干

游戏玩法

玩法 1. 持物前进

将球或其他物品放在碟子、球板上，用其他物品搭建独木桥，练习双手或单手持物走在独木桥上。

> 手上的东西要拿稳，可别掉在地上啦！

玩法 2. 小丑戴帽子

把多顶小丑帽叠加后戴上，用其他物品搭建独木桥，连续在独木桥上平稳走，坚持帽子不落地。

> 头上戴好小丑帽一步一步慢慢走。

玩法 3. 蒙眼前进

戴上眼罩，徒手走过由障碍物搭建的独木桥并保持平衡。

> 慢慢跨出一只脚碰一碰，前面有路，另一只脚再跟上。

> 张开双手可以走得更稳。

玩法 4. 自创玩法

创造性地利用提供的各类物品搭建独木桥，用提供的小物品摆在身上提高平衡走的难度。

> 我要顶着东西走过这条路

请你打开双手，做飞机状，这样在独木桥上行走更容易成功哦!

请你选好要拿的物品，试试单手拿着走过独木桥，另一只手可不能去帮忙哦!

自己试试搭建一条独木桥，然后来挑战把!

小贴士

1. 孩子在行走独木桥的过程中，如果手拿或头顶的物品落地，要回到起点重新开始。

2. 可以用逐步增加难度的方式延长一轮游戏时间，如先戴一顶帽子过桥，再回到起点叠加一顶走完，直至叠加所有帽子后走完独木桥，此为一轮。

3. 孩子可以根据自己的需要调整积木和过河石的长短、高矮、宽窄，摆放成不同距离、不同方向的独木桥。

4. 孩子蒙眼走时，尽量手中不持物，可提示他们摸索着走，注意安全。

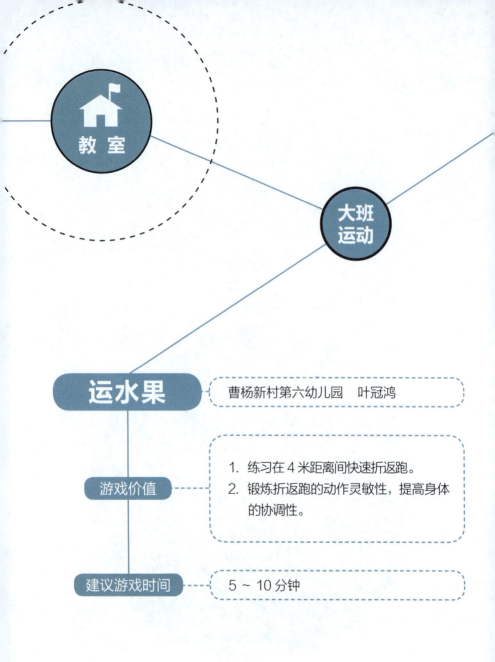

教 室

大班
运动

运水果

曹杨新村第六幼儿园　叶冠鸿

游戏价值

1. 练习在 4 米距离间快速折返跑。
2. 锻炼折返跑的动作灵敏性，提高身体的协调性。

建议游戏时间

5 ~ 10 分钟

2根3米长的
松紧带

4个塑料筐，其中2
个筐内放塑料水果
或自制的水果玩具

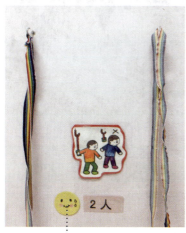

在墙上间隔一定距离固
定2个钩子，将3米长
的松紧带对折后，固定
在钩子上

在墙上贴玩法
和安全提示图

步骤1. 将2个空筐放在松紧带下方，将2个装有塑料水果的筐放在一定距离处，以拉紧松紧带后能够到筐的距离为宜。

步骤2. 孩子位于松紧带下方，手拉松紧带，往装有水果的筐方向跑去，拿到水果后跑回原位，将水果放入空筐中，然后重新出发再拿水果，直至将原筐中的水果全部拿完。

我拿到水果啦!

松紧带得牢牢抓稳，不能放手。

跑动时，手不能松开带子哦！运完全部水果后才能轻轻地放下带子。

每次另拿一个水果，运完返回再拿一个，不能多拿！

水果一定要运到筐里，掉出来的话，需要捡起来放回去！

小贴士

1. 可以两个孩子比赛，增强游戏性。
2. 老师提醒孩子在跑动时注意安全，避免碰撞。
3. 该游戏运动量较大，老师要鼓励孩子坚持，将水果全部运完。

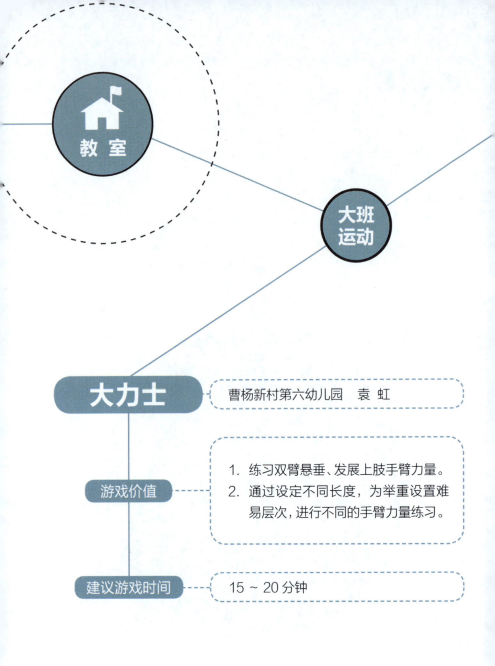

教室

大班
运动

大力士

曹杨新村第六幼儿园　袁　虹

游戏价值

1. 练习双臂悬垂、发展上肢手臂力量。
2. 通过设定不同长度，为举重设置难易层次，进行不同的手臂力量练习。

建议游戏时间

15 ~ 20 分钟

自制的吊环记录
板、记录笔、计
时器、黑板擦

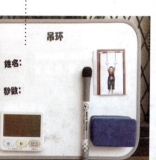

在门楣处固定
1 对吊环

在吊环下方放
置 1 把椅子

用塑料瓶和松
紧带自制拉力
器若干

用笔和松紧
带自制拉力
器若干

用塑料瓶和
胶带自制拉
力器若干

在墙上固定
一个支架

架子上固定
拉力器

将一个桌子
翻过来，桌脚
套上保护套

材料准备

玩法 1. 吊环

孩子站立在椅子上，双手拉紧吊环双脚勾起弯曲，同伴拿走支撑站立的椅子。同伴用秒表计数孩子双臂悬挂的时间。多人轮流玩，坚持时间长者获胜。

玩法 2. 比比谁撑得久

（1）孩子选择秒数卡，双手支撑在桌腿上，双脚离地，当数到自己选择的秒数后，双脚回到地面。孩子可根据自己的情况调整秒数，选择第二次手臂支撑桌角的秒数，提高秒数或降低秒数的数字卡。

（2）两人比赛，选取 1 张秒数卡，看谁撑得到这个时间。

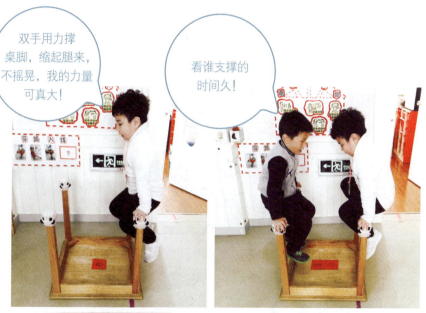

玩法 3. 大力士

双手拉举拉力器，双脚向上缩起，用腰腹的力量支撑，可以选择不同高度的拉力器练习臂力。

玩法 4. 自主区域臂力练习

自主选择材料进行不同的手臂力量练习。

你张开、我并拢，一起来玩拉力器！

手握哑铃上下举，看谁举的次数多！

张开、并拢，用力拉，看我的力气有多大！

小手握紧拉力瓶，用力拉开小瓶子！

比比谁撑得久

想要撑得久，可以试试缩起腿来，保持双腿不摇晃。

吊 环

你试试保持身体不晃动，是不是可以保存体力，在吊环上坚持更久的时间。

自主区域

想一想，还有什么器械、什么玩法能锻炼我们的手臂呢？

小贴士

1. 鼓励孩子在自主区域自由结伴、共同使用材料，协商规则。

2. 老师提醒孩子，当手臂支撑不住时，双脚马上站立地面，不要摇晃身体，以免撞到同伴。

3. 当孩子已经能成功挑战所有秒数卡上的数字时，可以适当加大难度，把两张秒数卡相加后成为新的秒数挑战卡。

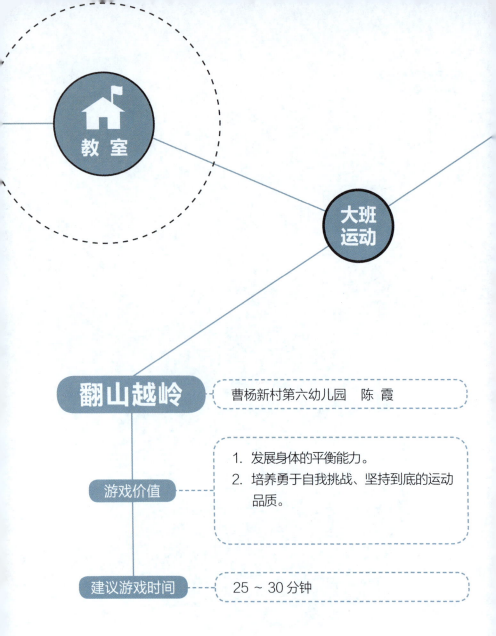

教室

大班
运动

翻山越岭

曹杨新村第六幼儿园　陈 霞

游戏价值

1. 发展身体的平衡能力。
2. 培养勇于自我挑战、坚持到底的运动
   品质。

建议游戏时间

25 ~ 30 分钟

3 个颗粒瑜伽球

18 把小椅子

8 个桌脚套

3 张小方桌

3 个矮柜

2 张三角桌

步骤 1. 把小椅子拼接成一条路，孩子在相距一定间隔的椅子上行走。

步骤 2. 把矮柜接上椅子路，孩子继续在柜子上爬行。

步骤 3. 把方桌翻倒，桌腿向上，接上矮柜。在方桌肚内放瑜伽球。孩子身体往前倾，抓紧桌脚，跪在球上翻过球，一路向前走完全部的路程。

走一走、爬一爬，我们一起翻山越岭。

再坚持一会，马上就走完全部的路程。

用桌子、椅子、柜子、颗粒球还能摆出怎样的路线? 自己动手试一试。

用怎样的动作才能翻越颗粒球?

"翻山越岭"的时候, 和同伴之间要保持一定的距离。

小贴士

1. 孩子协商确定如何设置路线。
2. 老师提醒孩子为翻倒的桌子套上桌脚套后再使用。

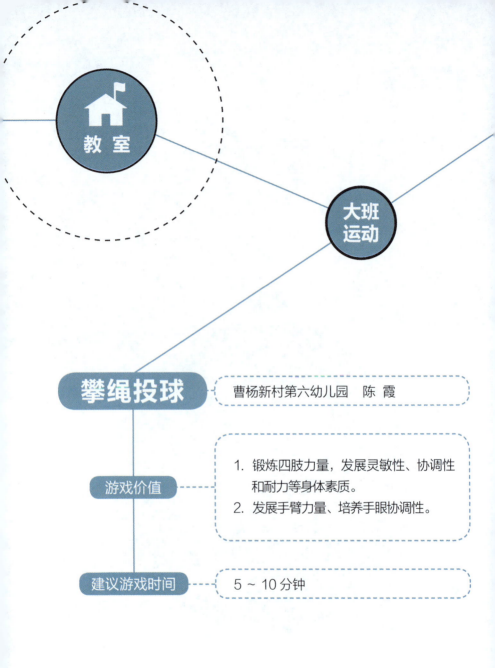

教室

大班
运动

攀绳投球　　曹杨新村第六幼儿园　陈 霞

游戏价值

1. 锻炼四肢力量，发展灵敏性、协调性和耐力等身体素质。
2. 发展手臂力量、培养手眼协调性。

建议游戏时间　　5 ~ 10分钟

10 块泡沫垫，上面
用即时贴剪两个小脚
印作为起点

2 根麻绳，一头
打结固定在牢固
的栏杆上

儿童用粘粘球
玩具

收纳粘球的
容器

步骤 1. 将泡沫垫铺在麻绳下方，收纳粘球的容器置于麻绳固定处，粘粘球盘面固定在麻绳对面的墙上。

步骤 2. 孩子从起点处出发，躺在泡沫垫上，双手交替拉绳索，双脚交替蹬地，仰面爬行至小球存放处。

步骤 3. 每次取一枚小球，跑到悬挂粘粘球盘面处，向其投掷。

步骤 4. 把粘粘球全部投完后，看投掷板上的小球个数或者得分总和，以小球个数多或得数高者为胜。

看谁
投的分数高。

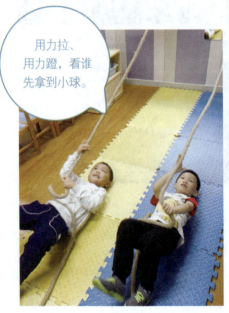

用力拉、
用力蹬，看谁
先拿到小球。

倒爬过程中背部是否要贴在地面上？

你觉得用怎样的姿势、多大的力气才能抓着麻绳爬到终点？

用小眼睛瞄准目标后再投，和同伴比一比谁投得准！

小贴士

1. 孩子可协商确定游戏规则。
2. 老师提醒孩子，在将绳子拉到终点时，要控制身体与终点的距离，避免把头撞到墙上。

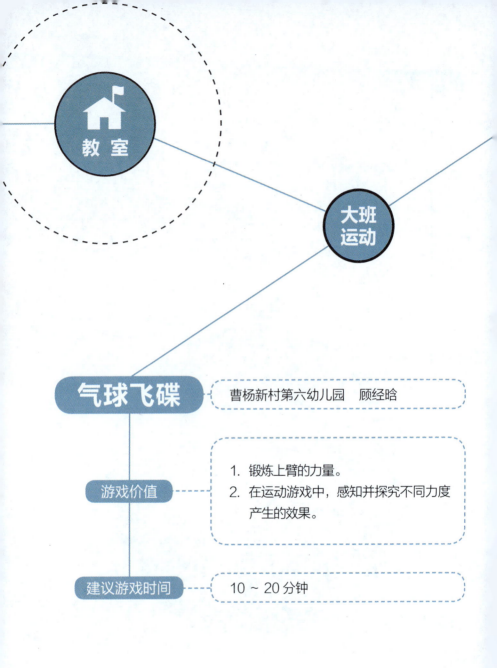

教室

大班
运动

气球飞碟

曹杨新村第六幼儿园　顾经晗

游戏价值

1. 锻炼上臂的力量。
2. 在运动游戏中，感知并探究不同力度产生的效果。

建议游戏时间

10 ~ 20 分钟

在光碟上用胶粘一个
伸缩式矿泉水瓶盖

将 1 只气球充气
后套在光碟上的
瓶盖上

步骤 1. 将自制的气球飞碟放在一个光滑的平面上，平面上用线分为两块区域。孩子位于游戏桌两边，面对面用手掌拍气球或者滑光碟，将气球飞碟拍到对方的区域中。

步骤 2. 熟悉玩法后，可以同时投放两个气球飞碟，和同伴在光滑的游戏桌面上来回拍打。

步骤 3. 在游戏过程中，孩子会观察到气球逐渐变小的现象，也可以探索掌握不同的力度对气球飞碟运动轨迹的影响。

游戏指导

想一想，怎样才能不让飞碟跑出桌面？

可以试试站在桌边的不同位置，将球拍到对方的区域内。

看看用不同力气拍打气球，气球的运动轨迹会有什么变化？

小贴士

1. 可以投放记分牌，让比赛更有规则。
2. 气球易爆，使用时不要吹得过大。

195 教室

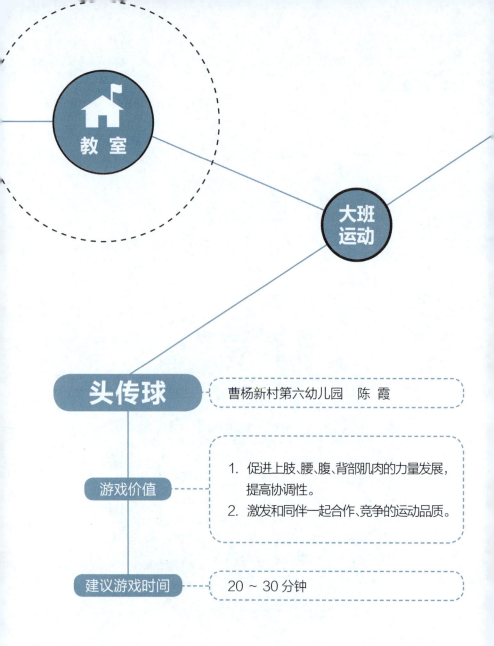

教 室

大班
运动

头传球

曹杨新村第六幼儿园　陈　霞

游戏价值

1. 促进上肢、腰、腹、背部肌肉的力量发展，提高协调性。
2. 激发和同伴一起合作、竞争的运动品质。

建议游戏时间

20 ~ 30分钟

1 个软球

6 张桌子拼在一起

步骤 1. 按参与的人数，将孩子们分成两队。

步骤 2. 发球方双手撑住桌子，头对准球，用力把球顶出去，接球方用头接球后再发球。

步骤 3. 接球多的一方视为获胜。

头顶用力，
就能把球顶出去。

看好球的路线，
随时准备接球。

游戏指导

这个游戏
是不能用手帮忙的，
只能用头碰球。

用怎样的
姿势才能把球
顶出去？

怎样保护
自己，不让额头
撞到桌子？

小贴士

1. 孩子可以根据人数情况，自行确
   定如何分队。
2. 孩子可以根据参与人数和能力增
   加桌子的数量、调整桌子的摆放
   位置，以增长距离，改变宽窄，
   从而提高游戏难度。

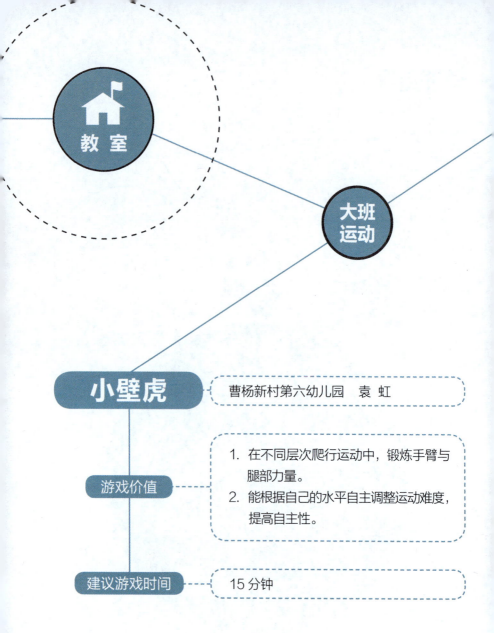

教室

大班运动

小壁虎

曹杨新村第六幼儿园 袁 虹

游戏价值

1. 在不同层次爬行运动中，锻炼手臂与腿部力量。
2. 能根据自己的水平自主调整运动难度，提高自主性。

建议游戏时间

15分钟

塑料矮凳若干

玩法 1. 手脚并用支撑椅面

（1）将塑料矮凳排列成两列。

（2）双臂与双脚垂直支撑在椅面上，移动身体横向爬行。

双手、双脚支撑椅面，移动身体横着爬！

玩法 2. 仰面，手脚并用支撑椅面

在仰面的同时，双手双脚支撑起身体横向移动，同时带动身体向前移动。

仰面，双手双脚移动身体向前爬！

玩法 3. 手脚并用向前走

双手、双脚分别撑在两列凳面上，支撑身体向前爬行。

双手、双脚支撑椅面，移动身体向前爬！

你可以自己调整两列凳子之间的距离。

同时用上手和脚，在矮凳上爬过去，你能想到哪些姿势？

找到一个适合你的凳子间隔距离后，再试一下，这样更容易成功！

小贴士

1. 老师鼓励孩子尝试用不同的爬行姿势，锻炼自己的手部与腿部力量。
2. 让孩子自行调整两列矮凳间隔的距离，以适合自己的手脚支撑平衡。

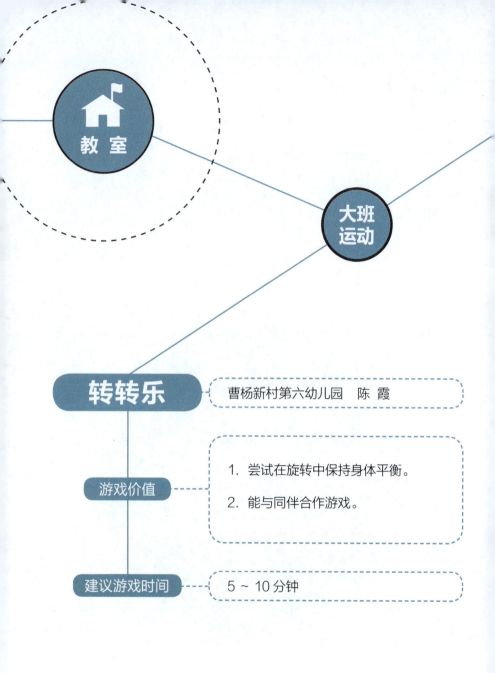

教 室

大班
运动

转转乐

曹杨新村第六幼儿园　陈　霞

游戏价值

1. 尝试在旋转中保持身体平衡。

2. 能与同伴合作游戏。

建议游戏时间

5 ~ 10 分钟

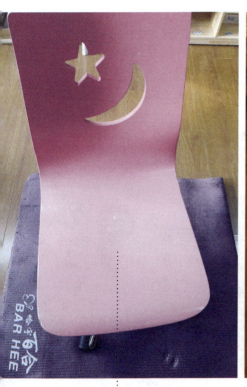

2 把可以调节
高度的转椅

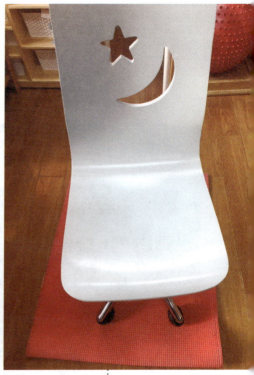

2 块瑜伽垫，放在
转椅下面

步骤 1. 一人坐在椅子上，双手抓住椅子边。

步骤 2. 另一人站在椅背后，旋转椅子。

步骤 3. 两人交换角色，重新玩。

坐好，
开始旋转啦！

坐在转椅上的
小朋友，要怎么保护
自己？

你觉得
转椅的速度能不能
太快？为什么？

还可以有
哪些其他玩法？

小贴士

1. 孩子可以自行调节椅子的高度以
   增加游戏难度。
2. 椅子在转动时，可能偏离地垫，
   停下后，要及时调整回去。

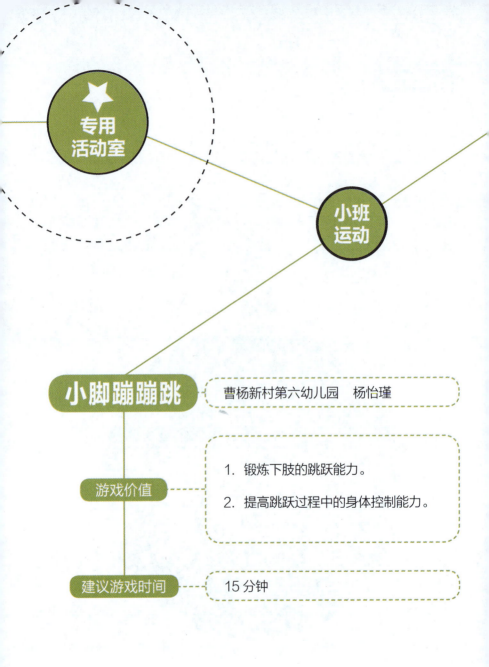

专用
活动室

小班
运动

小脚蹦蹦跳 —— 曹杨新村第六幼儿园　杨怡瑾

游戏价值

1. 锻炼下肢的跳跃能力。

2. 提高跳跃过程中的身体控制能力。

建议游戏时间 —— 15 分钟

将脚印图案贴按
不同方向和一定
间距贴在地上形
成一条小路

将动物图案的垫子放在
脚印小路的中间，空开
一定间距摆放

将十二生肖图案
塑封后剪成长方
形状

玩法 1. 可多人游戏，在脚印小路上跳走。

玩法 2. 在跳脚印小路的过程中，如果孩子之间即将碰到，其中一人可以跳跃到动物垫上等待，或者更换路线。

玩法 3. 可以在地上加入摆放十二生肖图案。根据动物头像的方向跳跃，跳跃中要求转身，最大转体可达 180 度。

跟着脚印的方向跳跃吧！

要按照十二生肖动物的方向跳跃。

游戏指导

跳入动物地垫就可以过渡到另一个脚印处，人多的时候也可以跳入动物地垫以避开同伴间的碰撞。

看一看，小脚印的方向朝哪里？跳的时候双脚并拢跳，控制身体的转身，落地时要和脚印的方向一样。

跳到小动物（十二生肖）身上的时候，要和小动物的方向一致。

小贴士

1. 可由孩子自己布置脚印小路，摆放动物垫子和十二生肖塑料片。
2. 可以由孩子自行协商确定游戏规则。

211

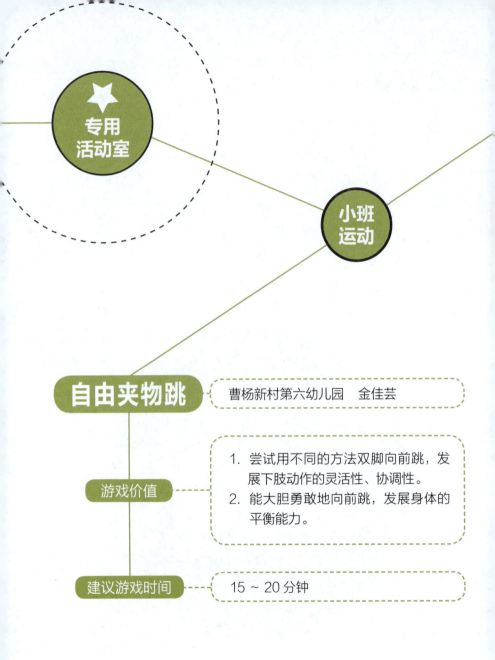

专用
活动室

小班
运动

自由夹物跳 　曹杨新村第六幼儿园　金佳芸

游戏价值

1. 尝试用不同的方法双脚向前跳，发展下肢动作的灵活性、协调性。
2. 能大胆勇敢地向前跳，发展身体的平衡能力。

建议游戏时间 　15～20分钟

各种大小的发声瓶子
若干（在塑料瓶内装
入豆子、珠子等物品）

2个分别放置于起点、
终点处的收纳箱

标有数字的
垫子若干

藏有发声 BB 器的
布垫若干

泡沫垫若干

玩法 1. 我会跳跳跳

孩子用提供的材料铺成小路，双脚并拢踩在上面连续向前跳，直至到达终点。

玩法 2. 瓶子跳跳跳

孩子的双脚夹着发声塑料瓶双脚并拢向前跳，保持瓶子不掉落直到到达终点，将瓶子放入指定的筐中。

玩法 3. 小脚跳跳跳

孩子手拿发声塑料瓶，在一条路上时双脚并拢地向前跳，在出现并列路时双脚分开向前跳，直至到达终点。

双脚夹住瓶子向前跳，要将瓶子安全地运到终点！看谁运得多！

用什么姿势才能夹着瓶子向前跳呢?

垫子就是小河上的石头，想要安全抵达河对岸，试试双脚并拢向前跳。

请你自己来设计过河的小路。

小贴士

1. 老师提醒孩子，注意安全，在跳的时候，保持与同伴之间的距离。
2. 孩子可以自行设计跳走路线，可以写上确定游戏规则。

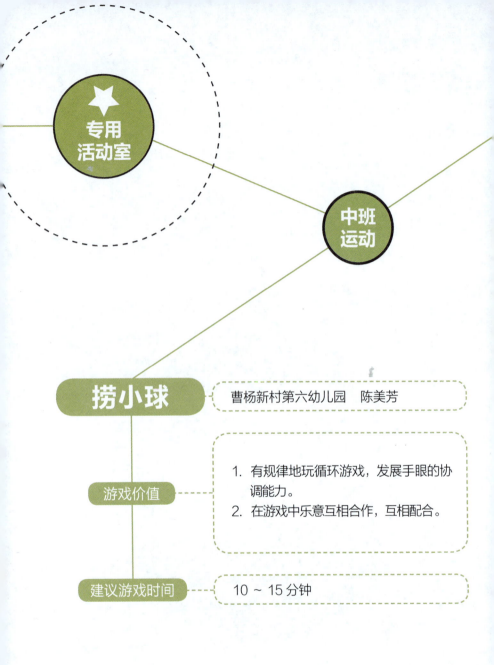

専用
活动室

中班
运动

捞小球

曹杨新村第六幼儿园　陈美芳

游戏价值

1. 有规律地玩循环游戏，发展手眼的协调能力。
2. 在游戏中乐意互相合作，互相配合。

建议游戏时间

10 ～ 15 分钟

张贴游戏
提示图

2个捞网

1大筐海洋球

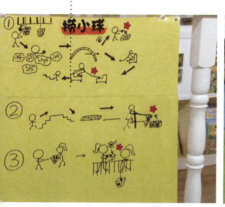

2个小吊筐

自制荷花造型的
垫子若干

游戏玩法

步骤 1. 5 个以上孩子参与游戏，2 个人手持捞网，经过栏杆缝隙里伸出，从栏杆外的大筐里捞海洋球，送往小吊筐处。

步骤 2. 另 1 人在该处拿取海洋球后放在小吊筐里，往下运到楼下。

步骤 3. 楼下的 2 人以走荷花垫的形式，分别将海洋球放回原处的大筐里。游戏可以反复进行。

看！我捞起来那么多小球！

我把小球放进吊筐啦！

楼上运下来好多小球呀！

沿着荷花垫向前跳，我把小球放回筐里。

请和你的
同伴商量好怎么分配
任务吧!

有什么方法
能捞起更多的"小鱼"
（海洋球）呢?

有不明白的
地方可以看下提示图。

小贴士

1. 环境布置要因地制宜，只要
   能用到捞、装、吊、跳等几
   个动作即可。
2. 老师可以和孩子一起布置游
   戏环境，协商确定游戏规则。

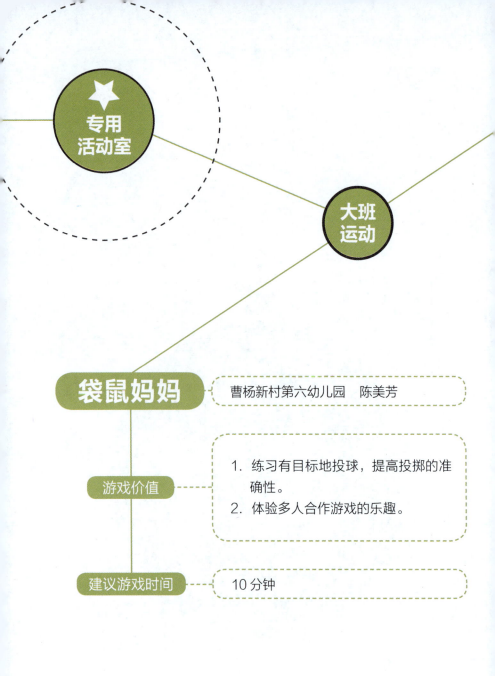

专用
活动室

大班
运动

袋鼠妈妈

曹杨新村第六幼儿园　陈美芳

游戏价值

1. 练习有目标地投球，提高投掷的准确性。
2. 体验多人合作游戏的乐趣。

建议游戏时间

10分钟

2只跳袋（或用
麻袋代替）

海洋球若干

步骤 1. 孩子套上跳袋，双手拉住袋口，准备接球。

步骤 2. 其他孩子在较高的位置上向下投掷小球，可以睁眼或闭眼投。

步骤 3. 球投完后，双方互换角色，继续玩。

我们准备好接球了！

准备好！我们的"子弹"要发射了！

游戏指导

闭眼发球的时候，要注意什么？

发球的人要用什么姿势投球，才能投得更准呢？

发球时，手臂可以控制发球的方向，让接球更方便，你做对了吗？

小贴士

1. 因地制宜选择合适的场地开展此活动，需有一定的高度差。
2. 老师提醒孩子注意在上下高处时，注意安全。

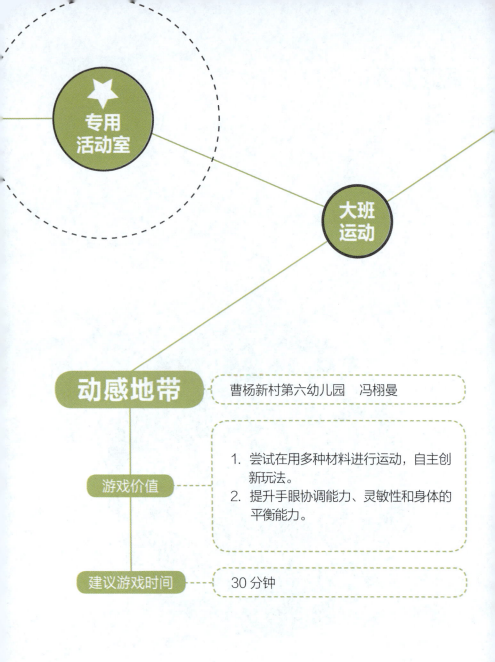

专用活动室

大班运动

动感地带

曹杨新村第六幼儿园　冯栩曼

游戏价值

1. 尝试在用多种材料进行运动，自主创新玩法。
2. 提升手眼协调能力、灵敏性和身体的平衡能力。

建议游戏时间

30 分钟

软垫、餐垫、席子、接力棒若干

布条若干穿在一条腰带上固定

用无纺布编成的长短不一的绳子若干

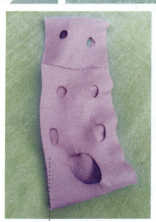

1块餐布

1块挖有洞的毛毡布，首尾缝在一起

1块完整的毛毡布

玩法 1. 坦克车

孩子自由选择玩伴，套进首尾相连的毛毡布里，双手向上伸扶住布顶，双脚踩在布上，以保持一个完整的圈形，当作坦克。多人之间保持一定的距离，步调一致地齐步向前走，带动布条向前移动。

滚一滚，爬一爬，钻一钻，看我们谁的速度快！

玩法 2. 一起翻滚

几个孩子以同一个方向躺在毛毡布里，"1、2、3"齐发口令，根据口令一起朝同一方向翻滚，带动布条移动。

玩法 3. 揪尾巴

一人佩戴上腰带，腰带上有若干布条，通过旋转等方法予以躲避，另一人想办法去抓腰带上的布条，抓到获胜。

玩法 4. 拔河

一对一或者二对二地进行拔河比赛，比拼各自的力量。

玩法 5：自主创意

孩子可以自主选择材料筐中的材料，自由想象玩法。也可结合 1 ~ 2 种材料，和同伴合作探索新玩法。

每个材料都有不同的玩法哦，试试看新的创意玩法吧，可以组合成不同的材料，也可以自己制定规则哦。

拔河时要蹲下身体，双脚分开，这样更容易用力，更能取得成功。

你可以邀请同伴一起运动哦，比一比谁的运动更有难度。

小贴士

1. 此游戏需要较为宽敞的空间，老师提醒孩子在游戏时，保持适当的距离。
2. 游戏开始前，老师要注意场地的布局与布置是否适宜、有无安全隐患。

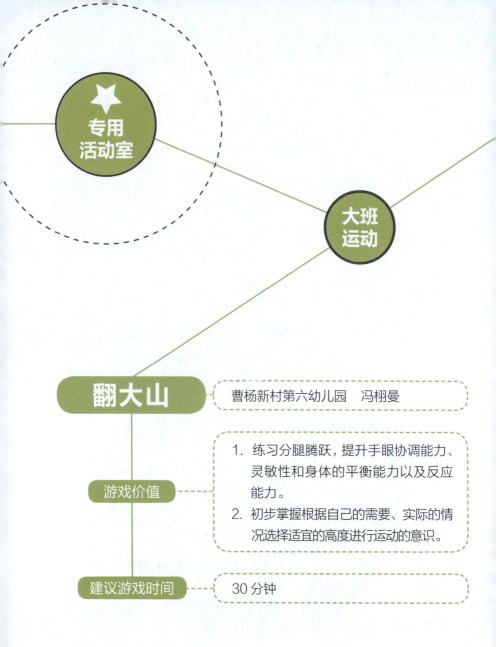

专用活动室

大班运动

翻大山　曹杨新村第六幼儿园　冯栩曼

游戏价值

1. 练习分腿腾跃，提升手眼协调能力、灵敏性和身体的平衡能力以及反应能力。
2. 初步掌握根据自己的需要、实际的情况选择适宜的高度进行运动的意识。

建议游戏时间　30 分钟

将软垫在跳台的周围
铺开作为保护

跳台 1 个

若无跳台，也可将软垫
叠放多层，再捆绑固定，
避免使用时垫子移动

玩法 1. 助跑上山：孩子先作一定距离助跑，用手支撑在跳台上，双腿迅速向上抬起，站立于跳台上。

玩法 2. 高跳下山：孩子跑跳后站在跳台上，双脚同时从高处跳落，练习向下跳的平衡性。

玩法 3. 自由造山：根据自身情况，孩子自主摆放垫子高度，再进行跳翻运动。

跑起来，助跑上山啦！

勇敢往下跳。

用手臂在跳台上用力支撑住身体，这样更容易成功"上山"。

通过助跑才能跳上"山"。

从高处向下跳时，双手打开，双脚同时跳起，就能稳稳落地。

小贴士

1. 若孩子未成功"上山"，要求其从起点处重新开始。
2. 可将跑－上跳－下跳的动作先分解，让孩子掌握要领，再连贯进行。
3. 允许孩子自行确定要跳上的"山"的高度。

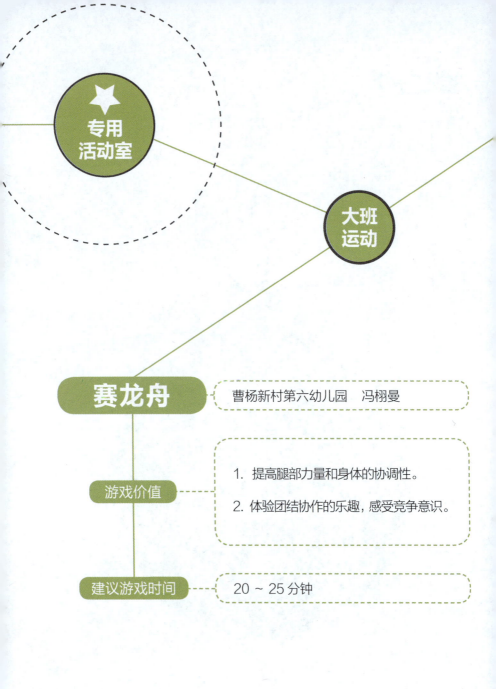

专用
活动室

大班
运动

赛龙舟 曹杨新村第六幼儿园　冯栩曼

游戏价值

1. 提高腿部力量和身体的协调性。

2. 体验团结协作的乐趣，感受竞争意识。

建议游戏时间 20 ~ 25 分钟

筒状的充气
玩具若干

2 块餐布

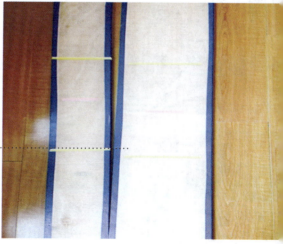

2 块宽度不同的
木板，上面间隔
等距做标记

玩法 1. 餐垫比赛

4 个孩子一起游戏，分别坐在 2 块餐布上。前面一人把住"船头"，用双手握住餐布的两端，双脚用力在地上蹬，向前行进；后面一人双手搭在前面一人的身上，双脚同时用力往前蹬，先到达终点的一组获得胜利。

双脚用力往前蹬，谁先到就胜利啦！

大腿内侧要夹住木板，用力往前跳，同步向前跳哦！

玩法 2. 木板比赛

4 ~ 6 个孩子一起参加游戏，前后相隔的距离参考板上的标记线，分别骑在 1 块木板上，先到达终点的一组获得胜利。

双手握住毛毛虫身上的把手，双脚弯曲连续往前跳！

玩法 3. 充气筒比赛

4 个孩子一起游戏，分别坐在充气毛毛虫上，先到达终点的一组获得胜利。

游戏指导

听裁判发令后，才能同时开动。

同一组的动作速度和方向要一样

先到达终点的队伍获得胜利。

小贴士

1. 比赛的队伍要从同一起点同时开始。
2. 每次玩充气玩具前，老师要检查玩具是否有充足的气。

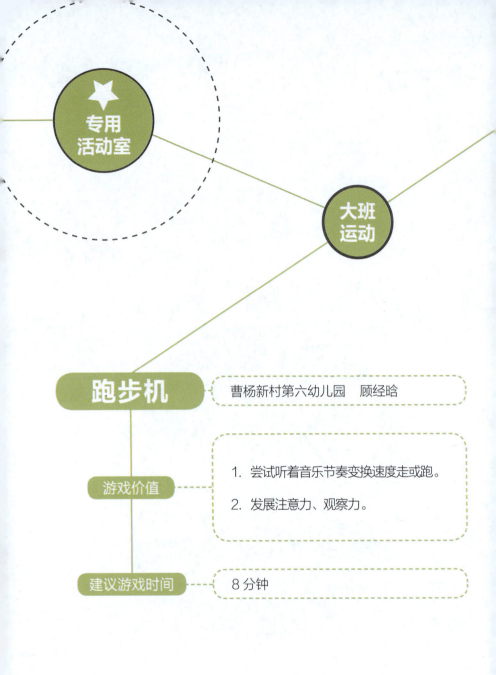

专用
活动室

大班
运动

跑步机 - - - - 曹杨新村第六幼儿园　顾经晗

游戏价值 - - - - 1. 尝试听着音乐节奏变换速度走或跑。

2. 发展注意力、观察力。

建议游戏时间 - - - - 8 分钟

桌子若干（视场地大小决定
桌子的数量）侧翻后靠墙放

大型泡沫垫若干，放在
桌子下，用桌子压住

计步表，
贴在墙上

给桌子腿套
上脚套

电子计步器

播放器及若干
快、慢节奏交
替的音乐

记号笔

给孩子用的
擦汗巾

玩法 1. 孩子站在桌脚区域内，练习原地跑步。

玩法 2. 播放音乐，孩子根据音乐节奏的变换，调整自己的跑步速度。

跟着音乐跑起来，音乐快我跑得快，音乐慢我跑得慢！

游戏指导

小耳朵仔细听音乐，节奏快要跑得快，节奏慢要跑得慢。

手臂要摆起来，用脚掌落地，落地要轻，腿要抬高。

运动完，记录好共跑了多少步，再将计步器清零。

小贴士

1. 老师注意引导孩子掌握正确的跑步姿势。
2. 老师提醒运动量大的孩子，坐在小椅子上稍作休息。
3. 音乐建议用 2 分钟快节奏 +3 分钟慢节奏交替剪辑而成。
4. 老师可以引导孩子比一比同时间长度的不同音乐节奏下，他们各自跑的步数多少。

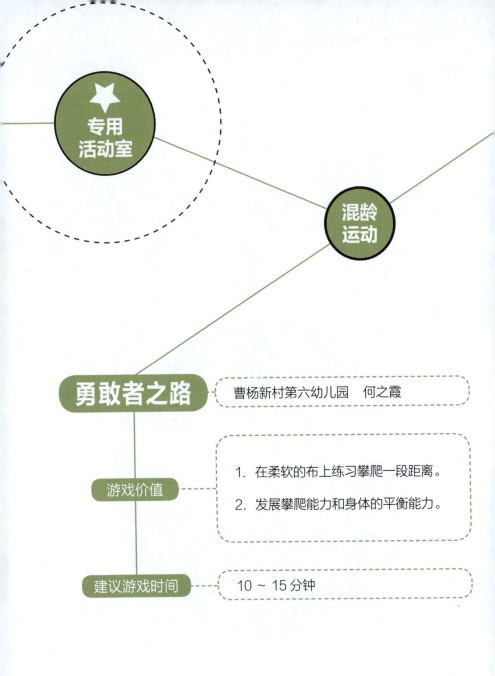

专用
活动室

混龄
运动

勇敢者之路

曹杨新村第六幼儿园　何之霞

游戏价值

1. 在柔软的布上练习攀爬一段距离。

2. 发展攀爬能力和身体的平衡能力。

建议游戏时间

10 ~ 15分钟

可在步顶端固定一个
发声玩具作为终点

将垫子铺在布下
作为保护

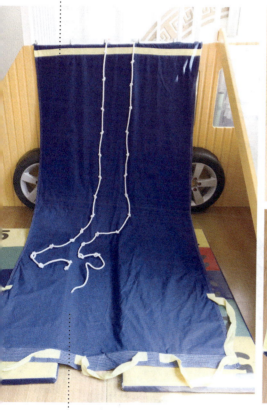

将1块布、2根绳
子固定在墙上

步骤 1. 家长志愿者或老师抓牢软布两角。

步骤 2. 孩子抓紧绳子在布上向上爬。

步骤 3. 爬到布顶部，拍响玩具，再在布上翻滚下滑至起点。

想想有哪些方法可以让自己安全地从布的顶部下来？

攀爬时保持身体的平衡，抓牢绳子，一步一步往上移动。

可以滑下来，也可以抱住头侧身翻下来。

小贴士

1. 此游戏需要家长志愿者或其他老师协助，因此，建议在全园大型活动时开展，可与其他运动环境组合成更复杂的挑战路线。

2. 老师提醒孩子在柔软的布上攀爬时，注意稳住重心，抓紧绳子，以免掉落。

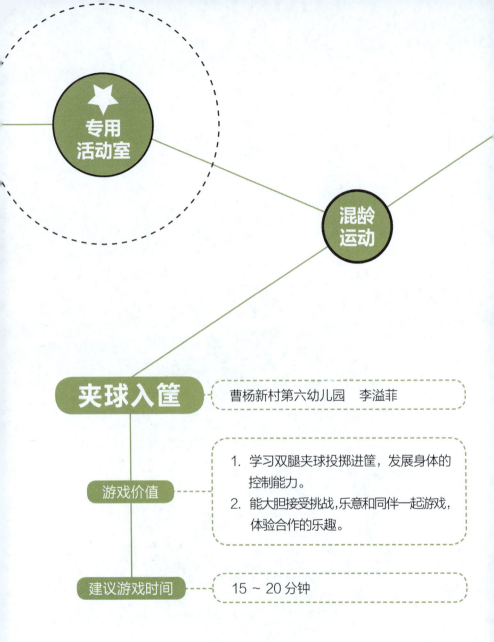

专用活动室

混龄运动

夹球入筐

曹杨新村第六幼儿园　李溢菲

游戏价值
1. 学习双腿夹球投掷进筐，发展身体的控制能力。
2. 能大胆接受挑战，乐意和同伴一起游戏，体验合作的乐趣。

建议游戏时间
15 ~ 20分钟

各类塑料球
若干

4 个筐

玩法 1. 夹球运球

在地垫上放一个空筐和一个装满球的筐，孩子双手撑地，抬起双腿夹球，将球夹进空筐里，游戏即为成功。

只用脚来运球，我可以做到。

玩法 2. 两两竞赛

2 个孩子面对面坐在地垫上，中间摆放筐和球。双方比赛，用双腿夹球并将球扔进空筐里，同一时间段里进球多者获胜。

和小伙伴一起比比谁夹的球更快更多。

玩法 3. 倒着投球

准备方法如玩法 1、玩法 2，但将筐放置于孩子身体后方，双腿夹球往身后的筐里投球。

双脚一定要用力夹紧球，动作有些难度，多练习一定能成功的。

如果觉得简单的话，可以把筐放远一点来增加难度。

在玩球的时候注意安全，不要把球扔到周围小朋友的身上。

小贴士

1. 需要较为宽敞的空间，方便多人同时进行游戏。
2. 老师鼓励孩子创新玩法。

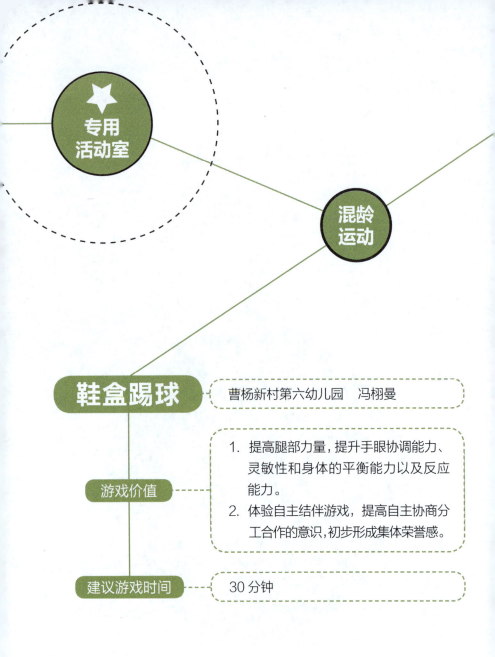

专用活动室

混龄运动

鞋盒踢球

曹杨新村第六幼儿园　冯栩曼

游戏价值

1. 提高腿部力量，提升手眼协调能力、灵敏性和身体的平衡能力以及反应能力。
2. 体验自主结伴游戏，提高自主协商分工合作的意识，初步形成集体荣誉感。

建议游戏时间

30 分钟

2 个球门

包成红、蓝两色
的鞋盒若干

红、蓝色队服若干，
自制记分牌

用报纸揉成的红、
蓝色纸球若干

步骤 1. 根据队服的颜色分成两人一组。

步骤 2. 将红色、蓝色各 10 个纸球散落在场地中。一只脚穿上相应颜色的
鞋盒，将代表自己颜色的纸球踢入对方的球门内，先将 10 个纸球
全部踢入对方门洞的一队获胜。踢球过程中保持身体的平衡，借
助穿鞋盒的那只脚将小球踢入球门，中途不可以用手碰球。

要把球踢到对方
门洞才行！

我在防守，
不让小球进入
球门！

防守的小朋友
也要注意用脚控制
鞋盒哦，不要让小球
进球门啦！

怎样才能
穿着鞋盒同时快速、
平稳地前进？

注意两脚之间的
距离，当心不要被盒子
绊倒。在踢球的过程中
不能用手去碰球哦！

小贴士

1. 老师要关注孩子在运动过程中的情
   绪以及幼儿的运动量要合适。
2. 老师在游戏前要注意场地的布局与
   布置是否适宜、有无安全隐患。

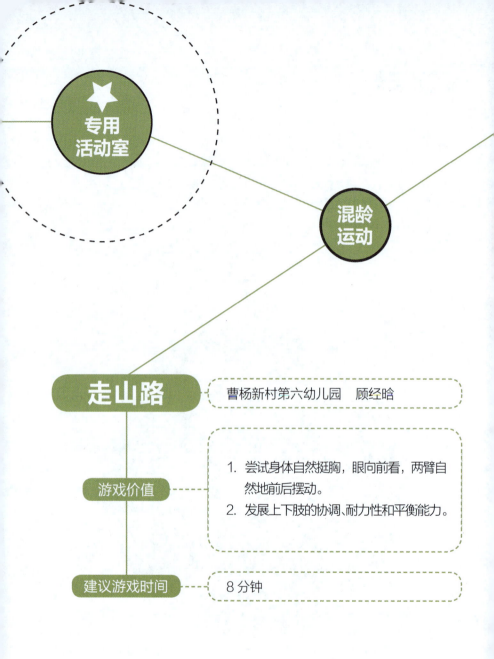

专用
活动室

混龄
运动

走山路

曹杨新村第六幼儿园　顾经晗

游戏价值

1. 尝试身体自然挺胸，眼向前看，两臂自然地前后摆动。
2. 发展上下肢的协调、耐力性和平衡能力。

建议游戏时间

8 分钟

用 KT 板挖出人形轮廓，在其中一块
KT 板上粘上假发，固定在架子上

3 个装有不同
物品的书包

粘有弹珠的
小型泡沫垫

用 6 块小型泡沫
垫拼成一个长条

圆柱形指压板

塑料指压板

玩法 1. 用材料铺成一条道路，孩子选择喜欢的道路并尝试在上面平衡走。

玩法 2. 孩子选择一个书包背上，在道路上负重走。

玩法 3. 如果觉得没有难度，孩子还可以选择穿过放在道路上的 KT 板障碍物。

（以上玩法均需孩子脱下鞋子后进行）

脚下每条小路的感觉都不一样！过洞洞还要注意姿势呢！

你可以尝试走不同的道路，要勇敢不怕疼。你可以背好书包，沿路走一走，遇到洞洞板想一想怎么变化身体姿势才能走过去。

走路要放松，自然挺胸，手臂要摆起来或是张开手臂保持身体平衡。

过洞洞板时要注意力集中哦，小心你背后的书包不要撞到呢！

小贴士

1. 老师提醒孩子在游戏前脱下鞋子，并将鞋子摆放整齐。
2. 老师提醒孩子在走路时注意与同伴保持距离，避免互相碰撞。
3. 老师要提醒易出汗的孩子及时擦汗。

索引（按运动动作分类）

走

小班运动
- 彩虹滑道……………… 52
- 小鸡捉虫……………… 56
- 锄草机………………… 76
- 独木桥………………… 84

中班运动
- 小小搬运工…………… 60
- 有趣的坡道…………… 64
- 捞小球………………… 216

大班运动
- 小小杂技员…………… 170

混龄运动
- 走山路………………… 252

跑

大班运动
- 翻大山………………… 228
- 跑步机………………… 236

跳

小班运动
- 彩虹伞摸高跳………… 14
- 布球跳出来…………… 18
- 小脚蹦蹦跳…………… 208
- 自由夹物跳…………… 212

中班运动
- 把球跳出来…………… 114
- 花样自主跳…………… 130
- 跳拍球………………… 146

大班运动
- 打地鼠………………… 44
- 手脚大作战…………… 48
- 赛龙舟………………… 232

攀爬

大班运动
- 放飞小鸟……………… 68
- 城市建筑师…………… 162
- 翻山越岭……………… 184
- 攀绳投球……………… 188
- 小壁虎………………… 200

混龄运动
- 勇敢者之路…………… 240

钻、爬

小班运动
- 手脚板………………… 102

中班运动
- 钻迷宫………………… 134

大班运动
- 穿越封锁线…………… 40

投掷

小班运动
- 高低筐投球…………… 88
- 灌篮高手……………… 92
- 快乐游艺城…………… 96

中班运动
- 保卫羊村……………… 26
- 投篮…………………… 36
- 投球入圈……………… 150

大班运动
- 袋鼠妈妈……………… 220

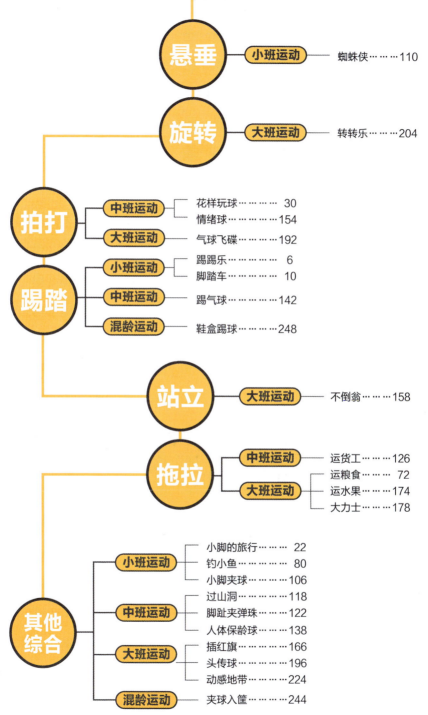

悬垂 — 小班运动 — 蜘蛛侠……110

旋转 — 大班运动 — 转转乐……204

拍打
- 中班运动 — 花样玩球……30
- 情绪球……154
- 大班运动 — 气球飞碟……192

踢踏
- 小班运动 — 踢踢乐……6
- 脚踏车……10
- 中班运动 — 踢气球……142
- 混龄运动 — 鞋盒踢球……248

站立 — 大班运动 — 不倒翁……158

拖拉
- 中班运动 — 运货工……126
- 大班运动 — 运粮食……72
- 运水果……174
- 大力士……178

其他综合
- 小班运动 — 小脚的旅行……22
- 钓小鱼……80
- 小脚夹球……106
- 中班运动 — 过山洞……118
- 脚趾夹弹珠……122
- 人体保龄球……138
- 大班运动 — 插红旗……166
- 头传球……196
- 动感地带……224
- 混龄运动 — 夹球入筐……244

我的室内运动规划清单

地　点	运动活动所在页数	我的调整
走廊	第　页	
	第　页	
	第　页	
楼梯	第　页	
	第　页	
	第　页	

我的室内运动规划清单

地　点	运动活动所在页数	我的调整
走廊	第　　页	
	第　　页	
	第　　页	
楼梯	第　　页	
	第　　页	
	第　　页	

我的室内运动规划清单

地　点	运动活动所在页数	我的调整
走廊	第　　页	
	第　　页	
	第　　页	
楼梯	第　　页	
	第　　页	
	第　　页	

写下更多创意设计

活动名称

勾选适合的场地

☐ 走廊　☐ 楼梯　☐ 教室
☐ 专用活动室

勾选适合的年龄

☐ 小班　☐ 中班　☐ 大班
☐ 混龄

勾选发展的能力

☐ 走　　☐ 跑　　☐ 跳　　☐ 攀爬
☐ 钻爬　☐ 旋转　☐ 悬垂　☐ 踢踏
☐ 拍打　☐ 拖拉　☐ 站立　☐ 综合

建议活动时间

材料准备

写下更多创意设计

活动名称

勾选适合的场地

☐ 走廊　☐ 楼梯　☐ 教室

☐ 专用活动室

勾选适合的年龄

☐ 小班　☐ 中班　☐ 大班

☐ 混龄

勾选发展的能力

☐ 走　☐ 跑　☐ 跳　☐ 攀爬

☐ 钻爬　☐ 旋转　☐ 悬垂　☐ 踢踏

☐ 拍打　☐ 拖拉　☐ 站立　☐ 综合

建议活动时间

材料准备

写下更多创意设计

活动名称

勾选适合的场地

- ☐ 走廊　☐ 楼梯　☐ 教室
- ☐ 专用活动室

勾选适合的年龄

- ☐ 小班　☐ 中班　☐ 大班
- ☐ 混龄

勾选发展的能力

- ☐ 走　　☐ 跑　　☐ 跳　　☐ 攀爬
- ☐ 钻爬　☐ 旋转　☐ 悬垂　☐ 踢踏
- ☐ 拍打　☐ 拖拉　☐ 站立　☐ 综合

建议活动时间

材料准备

图书在版编目（CIP）数据

小天地大乾坤：幼儿园室内运动游戏口袋本 / 叶冠鸿主编 . — 上海：华东师范大学出版社 , 2019
ISBN 978-7-5675-9261-2

Ⅰ . ①小… Ⅱ . ①叶… Ⅲ . ①游戏课—学前教育–教学参考资料 Ⅳ . ① G613.7

中国版本图书馆 CIP 数据核字 (2019) 第 129812 号

小天地大乾坤

幼儿园室内运动游戏口袋本

主　　编	叶冠鸿	
责任编辑	沈　岚	
特约审读	陈晓红	
责任校对	张　筝　时东明	
装帧设计	卢晓红　宋学宏	

出版发行　华东师范大学出版社
社　　址　上海市中山北路 3663 号　邮编　200062
网　　址　www.ecnupress.com.cn
电　　话　021-60821666　　行政传真　021-62572105
客服电话　021-62865537
门市（邮购）电话　021-62869887
地　　址　上海市中山北路 3663 号华东师范大学校内先锋路口
网　　店　http://hdsdcbs.tmall.com

印 刷 者　上海盛通时代印刷有限公司
开　　本　889×1194　32 开
印　　张　8.5
字　　数　72 千字
版　　次　2020 年 5 月第 1 版
印　　次　2022 年 5 月第 2 次
书　　号　ISBN 978-7- 5675-9261-2
定　　价　39.00 元

出 版 人　王　焰